나는 영어를 끝장내고
인생이 완전히 바뀌었다

직장인이 영어를 탈피할 수 있는 방법은 따로 있다

나는 영어를 끝장내고 인생이 완전히 바뀌었다

최용일 지음

한국경제신문i

한국인에게 최고의 난제는 영어 정복이다. 인공지능의 통역 로봇이 나온다 해도 스스로 하는 것에 비할까? 직장인으로서 퇴직이 눈앞에 어른거리는 46살의 나이에 영어에 뛰어들고, 드디어 정복해낸 저자의 스토리와 공부법에서 용기와 영감을 얻을 것이다. 그리하여 인생을 완전히 뒤바꾸게 될 것이다.

– 조관일(前대한석탄공사사장/'조관일TV' 인기 유튜버) –

영어를 잘하기 위한 노하우를 담은 책들은 끝없이 쏟아진다. 영어 공부에 많은 시간과 비용을 투자하지만, 실제 생활에 제대로 활용하는 사람은 드물다. 수많은 책을 읽어도 내 것으로 만들기는 쉽지 않은 현실이다. 저자는 직장 생활을 하면서 영어를 통해 더 많은 기회와 혜택을 누리며 풍요롭게 살아가는 방법을 제시한다. 영어를 정복하기 위한 저자의 피나는 노력의 과정이 생생하게 담겨 있어 '나도 할 수 있다'는 자신감을 준다. 어린 시절부터 느꼈던 결핍을 성장을 위한 동력으로 전환시키며 열정적인 삶을 살아온 저자의 모습에서 '고난은 성장을 위한 동력이 된다'는 말이 틀리지 않았음을 깨닫는다.

이 책은 단순히 영어 공부를 잘하는 방법만을 알려주지 않는다. 평생 성장하는 사람으로 살아가기 위한 태도와 마인드까지 배울 수 있다. 직장인뿐만 아니라 오랜 노력에도 영어 실력이 향상되지 않아 고민하는 모든 분들께 이 책을 추천한다.

– '허스타우먼' 허지영 대표 –

자기계발서가 빛을 발하는 날은 독자로부터 그 결과가 피드백되어 돌아오는 날부터다. 책은 누구나 낼 수 있지만, 그 결과를 책임질 수 있는 저자는 많지 않다. 세속에 갇혀 진실보다는 포장에 열을 올려서다. 이 책은 다르다. 끊임없이 성찰하며 몸소 부딪혀 일구어낸 저자의 진솔한 경험담이기에 선한 영향력으로 승화될 따뜻한 조언이 지면 가득하다. 진실에 근거했기에 깊은 울림으로 기억될 것이 틀림없다.

– 우공이산연구소 –

"멈추지 않는 것이 성공하는 것이다"

우리나라의 많은 기업은 제품과 서비스를 만들어 수출하고 있다. 그리고 수많은 외국계 기업이 우리나라에 투자하고 국내에 들어와 있다. 이러한 회사들에서 일하고 있는 수많은 직장인에게 가장 요구되는 능력 중의 하나가 영어다.

나는 대학 4학년 때 일본계 외국인 회사에서 처음 직장 생활을 했다. 입사 면접 당시 첫 질문이 한국어가 아닌 영어였다.

"Have you ever been to foreign country?"

면접을 통과하고 기술영업을 하기 시작했다. 좀 더 큰 회사에 다니고 싶어 일본계 회사를 9개월 만에 퇴사하고 삼성 공채를 지원해서 입사에 성공했다. 삼성 입사에도 요구되는 것은 학점 외에 영어 성적이었다. 토익 성적이었다. 그러나 당시 나의 토익 성적은 외국인과 자유롭게 대화할 수 있는 수준은 아니었다.

삼성에서 직장 생활을 하면서 승진을 위한 영어는 필수였다. 외국어 등급이 있는 사람은 승격심사에서 가점이 주어지고 등급이 없는 사람은 감점이 주어졌다. 외국어 등급이 있는 사람이 승격에 매우 유리했다. 그래서 나는 승격을 위해서도 영어를 계속 공부해야 했다. 입사하고 나서도 토익 공부를 계속했다. 대리, 과장, 차장, 부장으로 승격하는 데 필요한 영어 수준은 되었으나, 외국인과 1시간 이상 자유롭게 대화하는 수준은 되지 않았다.

시험 위주의 영어 공부를 계속하니 재미가 없고 금방 지쳤다. 내 머릿속에서 영어를 지우고 싶었으나 직장 생활을 위해서는 어쩔 수 없이 영어 공부를 해야 할 때가 많았다. 그러나 다행히 토익 공부라도 해놓은 탓에 해외 출장을 다닐 수 있었고, 직장 생활을 하며 MBA 과정에도 도전할 수 있었다. 영어로 인해 혜택도 많이 누렸다.

영어에 대한 갈망은 잘 가시지 않았다. 중학교부터 10년 넘게 문법, 독해 위주로 공부하고 회사에서는 토익 위주로 공부했던 나는 영어를 잘 알아듣고 말하기를 잘하고 싶은 욕망이 내 안에서 계속 꿈틀거렸다. 회사를 그만두기 전에 시험 위주의 영어 공부가 아닌 잘 알아듣고 말할 수 있는 영어를 끝장내보자고 40대 중반에 결심했다.

결심 후 3년 동안 회사 업무 외의 시간에는 영어에 우선순위를 두고 매일 아침, 점심, 저녁 시간을 보냈다. 주말 포함해서 매일 최소 2~3 시간을 영어를 익히는 데 시간을 썼다.

처음 2~3개월 동안 영어를 반복해서 듣고 말하는 데 힘이 들었다. 말을 계속해서 내뱉다 보니 입이 건조하고 혓바늘이 돋을 때가 많았다. 그러나 계속 반복해서 듣고 말하고 쓰고 읽고 하다 보니 내가 원하던 수준의 영어에 도달했다. 해외 주재원 수준으로 영어로 업무를 보고 대화하고 세계 어느 나라를 가더라도 생활하고 여행하는 데 문제없을 정도가 되었다.

3년간 직장 생활을 하며 영어에 집중했던 경험을 통해 가장 크게 깨달은 것이 있다. "멈추지 않으면 성공한다"라는 것이다. 반대로 말하면, 멈추기 때문에 성공하지 못하는 것이다. 성공한 사람들은 성공할 때까지 계속 시도하고 반복하고 목표에 도달할 때까지 멈추지 않고 행동했다.

많은 사람이 영어를 잘하기 위해서 해외로 어학연수를 떠나고 유학한다. 그러나 나는 유학과 어학연수에 시간과 돈을 들이기 전에 국내에서 영어의 수준을 얼마든지 높일 수 있음을 경험할 수 있었다. 그것도 40대 후반에. 나이가 많다고 영어를 못하는 것이 절대 아니다. 국내에서 영어를 끝내놓고 해외에 가면 훨씬 더 효율적이고 효과적인 해외 생활이 될 수 있을 것이다.

영어는 헬스, 수영, 자전거 타기, 다이어트를 하는 것과 같다. 머리로 공부하는 그런 학문이 아니다. 단계마다 높여가며 철저하게 몸으로 익히면 된다. 영어를 너무 얕잡아 보지도 말고 너무 대단하다고 보지도 말자. 많은 직장인이 영어를 빨리 끝내고 즐겁고 행복한 생활을 해나가기를 기대한다.

영어를 잘하게 되면 세상을 더 넓고 행복하게 살아갈 수 있게 된다. 세계의 여러 나라에서 일할 수 있고 사람들과 교류하고 다양한 문화를 접할 수 있다. 특히 해외여행을 통해 여러 도시를 걷고 그 나라의 맛있는 음식을 맛보며 놀이를 통해 최상의 행복을 느끼게 된다.

끝으로 내가 영어를 공부했던 경험을 책으로 엮을 수 있도록 많은 도움을 준 한책협의 김도사님과 스태프진들, 두드림 미디어의 한성주 사장님과 최윤경 팀장님에게 감사드린다. 그리고 항상 나를 응원해주는 사랑스러운 나의 가족인 아내 강은, 첫째 딸 한나, 둘째 딸 유나에게 감사의 마음을 전한다.

최용일

차례

PART 02

직장인이 영어가 되는 방법은 따로 있다

PART 03

인생을 바꾸는 영어 공부 7 원칙

PART 04

눈부신 당신을 위한 8가지 영어 끝장내기 기술

PART 05

나는 영어를 끝장내고 인생이 완전히 바뀌었다

PART 01

직장인에게 최고의 자기계발은 영어다

직장인에게 최고의 자기계발은 영어다

아침 7시. 100대가 넘는 셔틀버스가 차례로 회사 정문 앞 주차장으로 들어간다. 그러곤 수많은 사람이 버스에서 내린다. 회사 단지 안에는 수천 명이 넘는 직원들이 근무한다. 사람들이 보안 검색대를 거쳐 회사로 들어간다. 어느 대기업의 출근 모습이다.

수백 명의 사람이 줄지어 사무실로 향하는 모습을 보면 마치 총 한 자루 메고 전쟁터로 나가는 육군 보병들 같다. 사람들은 걸어가는 동안 무슨 생각을 할까? 대부분 별다른 생각이 없는 것 같다. 아마 '오늘도 무사히 보내자'가 아닐까? 갓 입사한 신입사원들만 서로 깔깔대고 이야기하며 걸어간다. 간혹 귀에 이어폰을 끼고 뭔가를 듣는 사람들도 있다. 사무실로 가는 도중에 아침 식사를 위해 회사 안 식당에 들른다.

회사 식당은 한 번에 1,000명이 식사를 할 수 있을 정도로 규모가 매우 크다. 시간을 아끼기 위해 사람들은 샌드위치 같은 포장 메뉴를 들고 사무실로 향한다. 소수의 사람만 식당에 앉아서 아침을 먹는다. 사무실에서 아침 식사를 끝내고 모닝커피를 마시며 정신을 깨운다. 이렇게 해서 아침 8시가 되면 근무를 시작한다. 매일 아침 반복되는 회사 직원들의 일상이다.

아침에 출근하는 사람들의 표정, 옷차림새 등을 유심히 살펴본다. 사무실에서는 어떻게 하루를 시작하는지를 가만히 본다. 동료들은 스마트폰으로 그날의 뉴스를 보거나 컴퓨터로 업무를 바로 시작한다. 아침에 책을 읽거나 뭔가를 배우는 사람들은 거의 없다. 그러다 보니 일상에 변화가 거의 없다. 하루하루를 그저 그렇게 보내고 있는 모습이다.

그러면서 사람들은 '오늘 뭐 재미있는 일이 없을까?' 하고 답답해한다. 매일 반복되는 일상 속에서 누군가 자신을 재미있게 해주기를 원하는 것 같다. 그러나 아무도 자신을 대신해줄 수는 없다. 스스로가 재미있는 일을 하거나 변하기 위한 뭔가를 찾아야 한다. 나는 재미나 변화는 '아침에 무엇을 우선순위에 두고 시작하는가'에 달려 있다고 생각한다.

직장인들은 연초가 되면 자기계발 목표를 세운다. 그리고 각자 세운 목표에 대해 돌아가며 발표한다. 가장 먼저 나오는 것이 외국어 자격증 취득이다. 그다음이 운동, 다이어트다. 그다음 순위가 가족들과의 여행이다.

외국어 중에서도 1순위가 영어, 2순위는 중국어다. 왜 이렇게 직장인들은 자신의 자기계발 목표 1순위를 외국어로 하는 것일까? 비슷한 사람들이 입사해서 그런 것인지, 직장 내에서는 자신을 다른 사람들과 차별화할 수 있는 요소가 많지 않다. 가장 크게 차별화할 수 있는 것은 업무에 대한 고과 평가다. 그다음이 외국어 능력이다. 그래서 회사에서는 직원들을 객관적으로 평가할 때, 고과와 외국어 능력을 가장 먼저 본다. 그 외에는 그 사람의 리더십과 같은 인물평을 살핀다.

몇 년 전, 주재원 파견 대상자를 선정하는 시기가 있었다. A과장이 미국 LA 법인에 영업 주재원 후보로 뽑혔다. 업무 고과는 주재원 파견 기준에 해당하는 성적이었다. 그러나 영어 성적이 기준 이하였다. 5년 전까지 회사에서 영어 성적을 판단할 때는 토익 점수가 기준이었다. 듣기와 읽기만 잘해도 주재원 후보로 뽑힐 수 있었다. 그러나 이제는 말하기가 훨씬 더 중요해졌다. 요즘 회사들은 말하기 시험인 '오픽(OPIc)' 성적을 강조한다. 주재원들은 해외법인에서 외국인 직원들과 면담을 자주 하게 되는데, 영어를 제대로 구사하지 못한 사례가 많았다. 그러다 보니 영어 듣기 시험보다 말하기 시험으로 주재원 선발 기준을 바꾼 것이다.

주재원 후보로 뽑힌 A과장은 외국어 기준인 오픽 2등급만 취득하면 주재원으로 발령받을 수 있었다. 그는 몇 번의 시험을 치렀다. 그러나 등급을 취득하지 못했다. 결국, 그는 미국 LA 법인 주재원 발령 명단에 오르지 못했다. 4년 반 동안 미국에서 일하며 주재원 수당, 주택비 및 생활비 지원 혜택을 받을 기회를 얻지 못한 것이다. A과장이 평소에 조금이라도 미리 영어 공부를 했더라면 기회를 잡을 수 있었을 것이다. 그러나 그는 안타깝게도 주재원 파견의 기회를 놓쳤다.

국내 투자 여건이 어려워져 기업들이 해외로 투자의 눈을 돌릴 수밖에 없다. 원가 경쟁을 위해서 국내에 있는 공장을 해외로 이전하거나 신규 공장을 해외에 건설해야 한다. 그러려면 주재원 인력이 매우 필요하다. 그러나 외국어 능력이 되는 직원들이 부족하다. 해외 근무 인력에 대한 수요는 많은데 공급이 부족한 것이다.

회사 내 신분 상승을 위해서 직장인들은 자신의 직급에서 한 단계 또는 두 단계 승격해야 한다. 승격해야 조금 더 넓은 범위의 일을 하고 성과를 낼 수 있다. 그리고 더 많은 부서원을 거느릴 수 있는 영향력을 가질 수 있다. 회사에서는 직원들을 승격시킬 때, 주재원 파견과 마찬가지의 기준을 적용한다. 역시 고과와 어학을 가장 우선해서 평가한다.

승격 대상자들의 이력을 보면 대부분 업무 고과가 좋은 편이다. 그래서 승격자를 결정할 때 외국어 능력으로 판가름할 때가 많다. B차장은 최근 5년간 고과가 좋은 편이었기에 부장 승격 대상자 후보에 올랐다. 그러나 외국어 능력이 안되어 결국 부장 승격에서 탈락했다. 승격 점수를 산정할 때 외국어 등급이 있는 사람에게는 가산점을 주기에 외국어 등급이 있는 사람과 없는 사람 간에는 격차가 더 벌어질 수밖에 없다. 승격한 사람은 승격하지 못한 사람보다 연봉을 더 많이 받게 된다. 결국 외국어 등급이 있는 사람은 없는 사람보다 연봉을 더 높게 받을 수 있는 것이다.

작년 여름, 동료들과 2주간 말레이시아로 출장을 갔다. 말레이시아의 수도인 쿠알라룸푸르의 인터콘티넨탈 호텔에 숙박했는데, 호텔에서 회사까지는 셔틀버스로 1시간 정도 걸렸다. 업무가 많으면 택시를 타고 퇴근할 때도 있었다. 같이 출장을 갔던 동료 C책임은 호텔로 돌아오는 택시 안에서 매우 자신감 있고 자유롭게 영어를 구사했다. 말레이시아인 택시기사와 거의 1시간을 영어로 이런저런 대화를 나누는 것이었다. 그리고 말레이법인 직원들과 업무 미팅을 할 때도 영어로 대화했다. 영어 통역이 준비되어 있었으나 C책임은 직접 영어로 대화해도 그들과의 의사소통에 전혀 문제가 없었다.

그는 쿠알라룸푸르 시내의 가볼 만한 곳에 대해 현지인으로부터 정보도 얻었다. 퇴근 후, C책임은 페트로나스 타워 옆의 고층 빌딩 스카이라운지에 있는 외국인이 즐겨 찾는 음식점으로 동료 출장자들을 인솔했다. 영어 구사가 안되면 찾아가기 어려운 곳이었다. 분위기가 정말 좋은 그곳에서 즐겁게 저녁 식사를 하고 시원한 맥주 한 잔씩 마시고 호텔로 돌아왔다.

그 후, C책임은 우리가 주말에 가볼 만한 명소를 물색했다. 그러다 1,000m가 넘는 높은 산꼭대기 정상에 있는 '겐팅 아일랜드'라는 리조

트 단지를 택했다. 그는 전화로 교통편을 예약하고, 메뉴나 장소 등의 정보를 알아보았다. C책임은 영어가 원어민처럼 유창한 정도는 아니었으나 영어로 의사소통하는 데 아무 문제가 없었다. 그래서 그는 쿠알라룸푸르에서 가고 싶은 곳을 마음대로 갈 수 있었다. C책임처럼 영어 하나만 할 줄 알아도 외국에 가서 본인이 하고 싶은 것을 자유롭게 할 수 있게 된다.

해외 여행을 하더라도 겉만 슬쩍 보고 오는 것이 아니라, 현지인들의 삶을 깊이 있게 들여다볼 수 있다. 그들의 생활방식, 고민, 인생 이야기를 들을 수 있어 여행의 맛을 더욱더 느낄 수 있다.

서울대 심리학과 최인철 교수는 행복하게 사는 비법 두 가지로, 여행과 관계를 꼽는다. 특히 그는 "여행이 행복감을 가장 많이 준다"라고 말한다. 여행은 걷기와 먹기와 말하기와 놀이가 결합한 최고의 행복 종합선물 세트라는 것이다.

영어를 잘하게 되면 세계의 많은 곳을 자신의 의지로 걸을 수 있다. 그리고 다양한 음식을 즐기고 여러 나라의 사람들과 대화할 수 있다. 그래서 나는 영어를 할 수 있게 되면, 그렇지 않은 경우보다 더 큰 행복감을 느낄 수 있으리라 생각한다. 직장인에게 최고의 자기계발은 영어다.

40대,
내가 영어를 택한 이유

"Have you ever been to foreign countries?(당신은 외국에 가본 적이 있습니까?)".

내 인생 첫 입사 영어 면접의 질문이다. 대학교 4학년 1학기를 마친 6월. 아직 졸업은 하지 않았지만, 학과 교수님께서 엘리베이터를 만드는 일본 기업인 ○○○코리아에 입사 추천을 해주셨다. 그 당시, 면접관은 영업 담당이었던 A부장이었다.

"No. I've never been to foreign country.(아니요. 저는 외국에 가 본 적이 없습니다)". 나의 대답이었다. 그러곤 영어로 몇 가지의 질의응답을 했다. 나는 영어를 잘하지 못했지만, 자신감 있게 떨지 않고 질문에 답했다. 그렇게 회사에 입사하게 되어 기술영업을 담당했다.

만약 내가 면접 때 영어 질문에 제대로 답하지 못했다면, 입사할 수 없었을 것이다. 그렇게 나는 대학교 4학년 2학기에 학교 대신 회사에 다녔다. 교수님은 내가 학교 출석 안 하고 시험만 보고도 수업에 참석한 것으로 인정해주셨다.

나는 졸업할 때까지 ○○○코리아에 8개월 정도 다녔다. 일본 본사는 컸지만, 한국 지사는 200명 정도로 작은 규모였다. 나는 좀 더 큰 규모의 회사에서 일하고 싶어졌다. 그러다 대기업 공채시험이 눈에 들어왔다. 바로 입사원서를 내고 서류 합격 후 면접까지 봤다. 영어 면접은 안 보는 대신, 토익 영어 성적을 제출해야 했다. 다행히 중상위권 정도의 토익 성적이 있었다. 그렇게 입사 시험에 합격하게 되었다. ○○○코리아를 추천해준 교수님께는 죄송했지만, 그곳을 퇴사하고 대기업으로 발걸음을 옮겼다. 내가 일본 기업이나 대기업 공채 입사 시험에서 합격할 수 있었던 것은 영어 면접을 통과하고 영어 성적도 있었기 때문이다. 하지만 나는 그 영어 수준에 만족할 수 없었다.

중학교 시절 가정형편은 어려웠지만, 나는 공부를 꽤 잘하는 편이었다. 그래서 2학년 때는 학생회장에 뽑히기도 했다. 당시 나는 국어·영어·수학을 집중적으로 공부했다. 그러나 영어는 항상 나의 발목을 잡았다. 아무리 열심히 공부해도 성적이 오르지 않았다.

그 당시, 내가 다니던 중학교는 강남 8학군에 속하는 압구정동의 구정 중학교였다. 잘사는 동네에 세워진 학교여서인지 외국에서 살다 온 친구들도 꽤 있었는데, 아버지가 해외 주재원 출신인 경우도 많았다.

그래서 그 친구들은 외국의 국제학교에 다니며 영어를 잘하게 된 것이었다. 그들의 영어 시험 점수는 늘 100점이었다. 회화도 외국인처럼 구사했다. 그 외에 금호그룹 부회장의 아들, 영화배우 남궁원 씨의 아들, 코미디언 이주일 씨의 딸 등 잘사는 집 친구들도 꽤 많았다. 나는 그 친구들이 부러웠다.

나는 오로지 영어 교과서만 가지고 공부했다. 내게는 학원이나 과외 같은 호사는 없었다. 학교에서 영어 선생님이 가르쳐주는 단어와 문법 중심으로 복습만 하며 공부했다. 나도 해외에서 살다 온 친구들처럼 발음도 좋고 시험공부를 안 해도 100점을 받고 싶었다. 그리고 해외에서 살면서 영어도 배우고 싶었다. 그러나 그러지 못했다.

영어는 고등학교, 대학교, 회사에 입사할 때, 입사 후에도 나를 계속 따라다녔다. 직장 생활을 잘하기 위해서는 영어를 잘해야 했다. 영어를 잘하는 사람들에게는 여러 가지의 기회가 주어졌다. 나는 시험 성적을 내기 위해 영어를 공부했다. 그렇게 해서 원하는 시험 점수 결과를 얻어도 외국인을 만나면 말 한마디하지 못했다. 영어 공부 방법이 틀렸던 것이다.

그런데 나만 그런 것이 아니었다. 대한민국의 40~50대 직장인이라면 중학교에서부터 고등학교, 대학교까지 10년 이상 영어를 배웠을 것이다. 그중 외국인을 만났을 때 영어를 잘 알아듣고 하고 싶은 말을 자유롭게 1시간 이상 영어로 말할 수 있는 사람들이 과연 얼마나 될까?

우리는 수많은 영어 참고 도서와 공부법 책을 선택해 영어 공부를 시도한다. 그러나 40~50대 직장인들은 특별한 혜택을 받지 못하면 원어민처럼 영어를 잘하기가 어렵다.

나는 과장 시절, 회사에서 선발하는 MBA(경영학 석사) 과정에 도전했다. 우리나라 회사의 경영진 중에는 국내외 MBA 출신들이 꽤 많다. 따라서 회사 안에서 성공하려면 MBA 학위가 필요하다고 생각했다. 나는 고과는 어느 정도 되었지만, 영어 실력이 부족해 항상 고민이었다. 그래서 야근하는 날이 많았음에도 10주 동안 매일 밤 2시간씩 영어 수업에 투자했다. 그렇게 3회를 들었으니 30주간 수업을 들은 셈이었다.

그렇게 해서 영어 수준이 조금 높아졌다. 나는 결국 목표로 했던 MBA 과정에 선발되었다. 그 MBA 2년 과정은 나의 인생에서 시간과의 싸움을 가장 많이 했던 인고의 시간이었다. 마케팅, 재무관리, 리더십, 인사관리, 생산관리, 전략경영, e비즈니스, 기업 인수합병 등 회사 경영의 성공과 실패 사례를 듣는 수업이었다. 매주 영어 원서 200쪽을 읽고 리포트를 제출하고, 시험을 보는 일이 계속되었다. 몸은 힘들었지만, 마음은 매우 즐거웠다. 동기들은 제조, 금융, 서비스 등 여러 종류의 회사에 몸담고 있었다. 회사에서 등록금을 80% 지원해주고, 나머지 20%를 내가 부담했다. 그 과정은 나의 자존감을 높여주었던 시간이었다. MBA 코스도 영어가 기본이 되어야 경험할 수 있는 과정이었다.

많은 회사들에서는 신제품이 나오면 설명회를 실시한다. 어떤 기능이 새로 개발되었고, 얼마나 더 편리해졌는지 등을 고객들에게 설명한다. 어느 기업의 제품 설명회에 나이 많은 사장님이 나와서 핀 마이크를 가슴에 달고 영어로 프레젠테이션을 했다. 연세도 많은 분이 앞에서서 PPT 자료를 넘겨가며 유창하게 영어를 구사하는 것이었다. 젊은 사람들도 군중 앞에 서면 말할 때 떨거나 잘 못하는 경우가 많다. 그런데 연세가 많은 분이, 그것도 영어로 자신감 있게 설명하는 모습을 보니 존경스러웠다.

나중에 이야기를 들어보니 그 사장님은 젊어서부터 마케팅과 영업의 전문가로 자리매김하면서 영어를 많이 썼다는 것이다. 그리고 건강을 위해서 매일 새벽 6시에는 무조건 조깅을 하는 분이었다. 전날, 아무리 술을 많이 마셔도 건강을 위해서 새벽 조깅은 절대 빠트리지 않는다는 것이다.

나는 사장님의 그런 자기관리 노력만큼은 배워야겠다고 생각했다. 사람들은 나이가 들면 기력이 약해지고 열정도 식어간다. 그러면서 배움에 대한 노력도 점점 줄어드는 경우가 많다. 그러나 회사의 사장님이나 고위 경영진들을 보면 배움에 대한 열정이 대단하다. 그리고 자기관리가 철저하다. 또한, 외국 고객들과의 비즈니스 미팅이 많다 보니 영어에 대한 노력도 게을리하지 않는다.

몇 년 전, 나는 퇴직하는 사람들과 대화를 한 적이 있었다. 그들에게 왜 퇴직을 하는지, 퇴직하기 위해 준비한 것들이 있는지, 퇴직 후에는 어떤 일을 할 건지 등을 질문했다. 그중 열에 아홉은 아무런 준비를 하지 못한 채 그냥 퇴직을 한다 했다. 그들은 6개월에서 1년 정도 쉰 후, 새로운 일거리에 대해 고민하고 준비할 예정이라고 말했다.

하지만 퇴직 후에 그들이 성공했다는 이야기는 들려오지 않았다. 그들은 작은 중소기업에 재취업했다가 일이 힘들어 퇴직을 선택하곤 했다. 그리고 또 다른 회사에 재취업하려고 했으나 나이에 걸려 집에서 쉬고 있다는 이야기도 들려왔다. 직장인으로 시작해서 그냥 생활비만 버는 별 볼 일 없는 직장인으로 끝나는 인생을 사는 것이다.

40대 중반이 되면서 나도 언젠가는 회사에서 퇴직해야 한다는 것을 실감했다. 그리고 제2의 인생을 준비해야 한다는 것을 깨달았다. 90~100세까지 산다면 앞으로도 살아갈 날이 많다. 그동안의 배운 지식과 경험으로 돈을 벌며 살아갈 수 있을지 심각하게 고민했다. 그래서 퇴직 전, 준비해야 할 항목 중 1순위에 영어를 올려두었다. 퇴직하든 하지 않든, 나에게 영어는 중요한 역할을 할 것이기 때문이었다. 다행히 지금의 직장은 영어를 공부할 수 있는 분위기와 환경이 되었고, 매년 해외로 출장을 가게 되어 영어 공부에 많은 동기 부여를 해주었다.

나를 끈질기게 따라다닌 영어

1980년대 대부분의 중·고등학생들이 교과서 외에 《맨투맨 기본영어》와 《성문종합영어》로 영어 공부를 했다. 이 두 권은 영어 문법과 독해 중심으로 만들어진 책이다. 나는 학교 시험을 위한 영어 공부를 해야 했다. 당시 대학교 입시 영어 시험은 독해 위주로 문제가 구성되었다. 영어 시험은 지문을 읽고 사지선다형 질문에 한 개의 답을 선택하는 식이었다. 듣기나 말하기 시험이 아니었다. 하지만 그런 영어 공부와 시험 방식에 대해 나는 별다른 재미를 느끼지 못했다.

그러다 보니 외국인을 만나면 그들이 하는 말을 잘 알아듣지 못했다. 하고 싶은 말도 제대로 할 수 없었다. 나는 당시의 영어 공부와 시험 방식이 문제라고 생각했다. 그렇게 나는 대한민국 교육부의 문법 중심 교육 정책에 따라 영어를 공부하고 고등학교를 졸업했다.

독립심을 빨리 키우고 싶었던 나는 대학교 1학년을 마치고 군대에 자원입대를 했는데, 제대 후 복학하기 전까지 8개월 정도 기간이 남았기에 수원 시내의 인력시장을 찾아 아르바이트를 하기도 했다. 20대 초반인 나에게는 힘든 노동이었지만, 하루 일당이 꽤 괜찮았다. 나는 쌀쌀하고 칠흑같이 어두운 새벽 5시에 제일 먼저 인력시장 사무실에 도착했다. 그러곤 사무실에서 30분에서 1시간 정도 다른 사람들을 기다리고 있었다. 그러면 현장에 일용직 인력이 필요한 건설 업체의 사장이나 담당자가 와서 기다리고 있는 사람들을 쓱 한 번 훑어보고 일 좀 할 만한 사람을 선택했다. 나는 항상 선택받았다. 아마 가장 젊은 축에 속해서였을 것이다. 건설 현장은 보통 새벽 6시부터 일이 시작되었다.

뜨거운 태양을 마주하며 막노동을 하던 여름날이었다. 시멘트벽을 양생하기 위해 양면 벽에 붙였다 떼어놓은 나무판을 밟고 지나갔다. 갑자기 오른쪽 발바닥 정가운데에 심한 통증이 느껴졌다. 나무판에 박혀 있던 기다란 못의 뾰족한 면이 위로 세워져 있는 것을 모르고 밟은 것이었다. 조심한다고 했는데도 그 못이 눈에 잘 띄지 않은 것이었다. 그 뒤로 공사판에서 나무판들이 널브러져 있는 곳은 아주 조심스럽게 지나가게 되었다. 그렇게 6개월 정도 매주 3~4일은 건설 공사판에서 잡일을 했다. 처음으로 내 손으로 돈을 만져본 때였다.

그렇게 막노동하는 중에도 복학 후의 대학 생활을 위해 영어에 대한 관심을 놓지 않았다. 2학년부터 영어 원서로 수업을 들을 예정이었기 때문이었다. 나는 막노동해서 번 돈을 영어 공부를 위한 교재에 가장 먼저 투자했다. 컴퓨터 구입과 대학 등록금에 보태기도 했다. 당시 내가 샀던 영어 회화 테이프와 교재는 가격이 상당히 나갔다. 나는 영어 공부에 돈을 아끼지 않았다. 새로 산 영어 테이프를 매일 들으며 학교를 오갔다. 테이프만 듣다 보니 직접 미국인과 대화를 하고 싶었다. 그래서 우리나라에 파병 온 미군을 만나게 되었다. 학교 수업을 마치고 시간당 회화 비용을 주며 그 미군과 두 달 정도 주 1~2회 미팅을 했다. 그러나 나는 그 미군과 만날 때마다 하고 싶은 말을 제대로 하지 못해 매번 하게 되는 말이 거의 똑같았다. 그 미군이 하는 말만 듣는 형태가 되어 만나고 나면 스트레스가 쌓였다. 그렇게 미군과의 자유 대화 영어 미팅은 오래가지 못했다.

대학교 2학년부터 배운 전공과목의 교재는 모두 영어 원서였다. 물론 한글 번역본도 사서 볼 수 있었다. 하지만 나는 가능한 한 영어 원서를 보며 공부하려고 노력했다. 그러나 어휘력이 부족했던 나는 영어 원서로 공부하기가 쉽지 않았다. 고등학교에서 배운 영어로는 대학의 전공과목 영어 교재를 모두 이해할 수 없었다. 나의 전공은 전자재료공학이었기에, 주로 반도체와 세라믹에 대해 배웠다. 특히 반도체의 영어 어휘들이 어려웠다. 영어 단어가 머릿속에 그려져야 되는데 완전 외계어로 느껴졌다. 교수님이 한국어로 강의를 하셔서 다행이었다. 교수님이 영어로 강의하셨다면 나는 제대로 졸업하지 못했을 것이다. 그렇게 영어에 대한 나의 부족한 실력은 대학 생활 내내 메꾸어지지 않았다. 대학 졸업 후 취업은 해야 했기에 토익 시험을 위한 공부는 틈틈이 했다. 당시 공부했던 교재는 《안 박사 토익》이었다.

대학 졸업 후 회사 입사 시험에서도 영어는 나에게서 떠나지 않았다. 회사는 토익 시험 성적을 요구했다. 다행히 대학 4학년 때 시험을 봐둔 토익 성적이 있었기에 회사에 제출할 수 있었다. 토익은 듣기 100문제, 읽기 100문제의, 총 200문제로 구성되었다. 중학교, 고등학교, 대학교 영어 공부를 모두 문법과 독해 위주로 했던 나는 토익 공부가 익숙하지 않았다. 학교보다 회사가 그나마 영어에서는 실용적인 것을 요구한다는 것을 느꼈다.

나는 신입사원 1년 차 때 해외 사업장을 견학했다. 9박 10일 동안 입사 동기들과 일본, 말레이시아, 싱가폴, 독일에 다녀왔다. 나는 난생처음 각 나라를 2박 3일에서 3박 4일간 다녀올 수 있었다. 일본의 도쿄, 말레이시아의 쿠알라룸푸르, 독일의 베를린 등을 돌아보며 글로벌 회사가 어떤 건지 체감했다.

우리 회사에서는 외국에 생산공장을 두고 브라운관을 생산하고 있었다. 왜 회사가 사원들에게 영어 성적을 요구하는지 피부로 느낄 수 있었다. 해외 공장에는 수천 명이나 되는 그 나라의 외국인 근로자들이 일한다. 그들과 의사소통하며 일해야 하니 영어, 중국어, 독일어 등의 외국어가 필요한 건 당연했다. 신입사원 때부터 해외 사업장을 돌아보며 그렇게 나는 영어의 필요성을 체감할 수 있었다.

내가 회사에서 교육업무를 담당하던 10년 차 과장 때였다. 미국에서 매년 전 세계의 기업교육 담당자들을 대상으로 ASTD라는 국제 콘퍼런스 행사를 주관했다. 나는 미국 현지에서 펼쳐지는 행사에 참여 신청을 했고, 참가 기회를 얻었다. 당연히 회사에서는 미국의 콘퍼런스 참가 자격 기준을 고과와 영어가 우수한 사람들로 한정했다. 나는 당시 영어 토익 자격 기준에 들어 참가할 수 있었다. 영어 자격이 없었으면 미국행은 쳐다볼 수도 없었다.

그렇게 나는 9박 10일간 미국 플로리다에서 열리는 ASTD 콘퍼런스에 참가했다. 회사에서 미국 왕복 항공료, 숙박비, 콘퍼런스 참가비 등을 모두 지원했다. 콘퍼런스의 기조연설과 각 세미나 강의는 영어로 진행되었기에 강연자들의 말을 100% 알아들을 수는 없었다. 그러나 미국 현지에서 실시하는 해외 세미나에 직접 참여하는 것만으로도 가슴이 벅차올랐다. 중학교 때부터 영어가 나를 괴롭히더니 조금씩 영어로 인해 덕을 보게 된 것이었다.

지금으로부터 10년 전, 회사에서 선발하는 MBA 과정에 도전해 합격했다. 평일에는 업무를 하고 2년 동안 매주 금, 토, 일요일에 대학원에 다니며 MBA 수업을 들을 수 있었다. 매주 200페이지에 달하는 영어로 된 사례를 읽고 리포트를 제출하고 시험을 치러야 했다. 특히 영어로 강의하는 수업을 듣고 영어로 발표하는 시간은 정말 힘들었다.

MBA 1년 차, 2년 차 여름학기는 해외에서 수업을 들었다. 수업 후와 주말에는 시내 투어도 할 수 있었다. 1년 차 여름에는 미국의 LA에 있는 USC(University of Southern California)에서 미국인 교수님에게 마케팅 수업을 들었다. 2년 차에는 스페인 마드리드에 있는 IE경영대학원에서 글로벌 마케팅 수업을 들었다. 그렇게 미국과 스페인 현지 대학에서 영어로 강의하는 수업을 들으며 영어에 대한 나의 목마름은 더해갔다. 회사를 휴직하고 영어 어학연수를 가고 싶을 정도였다.

영어, 끝낼 때까지 끝난 게 아니다

나는 중학교부터 고등학교, 대학교에 다니는 동안 공부했지만, 결국 영어를 끝내지는 못했다. 회사를 입사한 후에도 영어에 대한 끊임없는 노력이 필요했다.

세계에서 우리나라 사람들이 영어 공부에 시간과 돈을 가장 많이 쓰는 것 같다. 중학교부터 대학생이 될 때까지 10년 넘게 영어를 배우지만, 영어 회화를 잘하는 사람은 보기 어렵다.

최근 성인 교육 업체인 휴넷에서 직장인을 대상으로 설문 조사를 한 결과, 응답자의 95.5%가 '직장 생활 중 영어 스트레스를 느낀다'라고 답했다. 직장인 열 명 중 아홉 명 이상이 영어 때문에 스트레스를 받는 것이다. 직장 내 영어 사용 빈도는 높지 않지만, 영어의 중요성에 대해서는 크게 공감하는 분위기다.

자신의 영어 실력이 초보와 왕초보라고 응답한 비율이 무려 82%에 다다랐다. 중급은 16%, 고급은 1.9%였다. '네이티브급'이라 답한 사람은 없었다. 스트레스를 받는 경우에 대해서는 '전화, 메일 등 업무 중 영어를 써야 할 때'(32.3%)가 가장 높은 퍼센티지를 차지했다. 이어서 '영어로 된 정보를 직접 이해하고 싶을 때'(21.9%), '영어를 잘해서 기회를 잡는 동료를 볼 때'(17.4%), '해외 여행 갈 때'(13.5%), '승진, 이직 등 영어 점수를 기재해야 할 때'(12.9%), 기타(2.0%) 순이었다.

중·고등학교 방과 후 영어 학원 수강과 영어 과외, 그리고 대학 입학 후 필수코스가 되어버린 해외 어학연수에 들이는 비용을 모두 합하면 대략 몇천만 원에서 억대가 넘는 돈이 영어 공부에 쓰인다고 해도 과언이 아닐 것이다.

과연 영어는 언제쯤 끝마칠 수 있을까? 아니, 언제쯤 끝마쳐야 할까? 영어에 담을 쌓고 평생 영어는 전혀 사용하지 않겠다고 선언한 사람을 제외하고 대한민국에서 직장인으로 살아가며 영어에서 벗어날 수 있는 사람이 과연 얼마나 될까? 이제는 머릿속에 영어라는 단어를 깔끔하게 지우고 살기 어려운 세상이 되었다. 클릭 한 번이면 전 세계 어느 나라의 사람과도 소통할 수 있는 디지털 시대가 되었다.

우리나라는 조그만 땅덩어리를 가진 분단국가로서 수출을 주력 사업으로 하는 국가다. 제품이나 서비스를 만들어 해외에다 팔지 않으면 옛

날처럼 농사를 지으며 어렵게 살아갈 수밖에 없다. 해외에서 장사를 하려면 영어가 필요하다. 해외 사람들과 협상을 하려면 영어가 필요하다. 그런데 어느 정도 할 수 있어야 할까? '다다익선(多多益善)'이다. 영어를 잘하면 잘할수록 좋을 것이다. 그러나 영어의 목표는 개인이 처한 상황마다 다를 것이다.

요즘은 초등학교에서도 수영을 가르친다. 생존 수영이다. 물에 빠졌을 때 죽지 않을 만큼의 수영을 가르치는 것이다. 생존 수영 이후 단계의 수영은 개인의 몫이다.

생존 영어만 해도 되는 사람이 있지만, 대통령 해외 순방 시 영어로 동시 통역이 가능해야 할 정도로 공부가 필요한 사람이 있다. 해외 여행을 가서 물건 사고 음식을 먹고 관광하고 잠을 잘 수 있는 정도의 간단한 영어만 해도 대만족인 사람들도 있을 것이다. 그러나 나는 그런 생존 영어로 끝내고 싶지 않았다. 해외에서 주재원으로 살게 되면, 현지인들과 면담도 하고 조직을 이끌 수 있는 정도의 영어는 구사해야겠다고 목표를 세웠다. 영어의 세계에 더욱 빠지게 된다면 동시 통역 대학원까지도 입학하고 싶어질 것 같았다. 그러나 나는 내 영어 목표를 주재원 생활이 가능한 수준까지로 했다. 그 이상으로 실력이 되면 금상첨화라고 생각했다. 그리고 회사가 영어로 나를 괴롭히게 놔두지 않겠다고 다짐했다. 그래서 회사가 요구하기 전에 내가 먼저 스스로 영어를 끝내기 위해 앞질러 달려갔다.

연초, 많은 직장인들이 자기계발 목표를 수립한다. 간부들은 리더십 역량을 높이는 게 목표다. 사원들은 본인의 직무 역량과 외국어 수준을 높이려고 한다. 다른 외국어보다 영어 등급 취득을 목표로 하는 사람들이 많다. 무등급인 사람은 등급 취득을 목표로, 등급이 있는 사람은 상위 등급 취득을 목표로 한다. 무등급은 무등급대로, 등급이 있는 사람은 등급이 있는 대로 더 높은 단계로 가기 위해서는 많은 에너지가 필요하다.

영어는 한두 달 만에 끝낼 수 있는 것이 아니다 보니 중간에 포기하는 사람들이 많은 것 같다. 회사에서 점심시간에 1시간 동안 회사 내 교육실에서 외국어 회화 수업을 들을 수 있도록 기회를 제공해준다. 하지만 10주짜리 코스가 있다면 끝까지 출석하는 사람이 50%도 채 되지 못하는 경우가 많다. 본인의 의지가 약하거나 아니면 정말 부득이한 경우가 발생하는 것이다. 그러다 보니 회사에서는 유인책과 벌칙 제도를 병행해 운영한다. 상위 등급을 취득한 사람에게는 소정의 금액을 상금으로 지급한다. 반면 수업 출석률 기준 미달인 사람은 교육비를 급여에서 공제당한다.

회사는 사원들의 외국어 능력을 중요하게 여긴다. 왜냐하면 회사의 비즈니스 중 다른 나라와 커뮤니케이션을 통해 해야 하는 일들이 점점 많아지고 있기 때문이다. 생산, 마케팅, 영업, 고객관리, 구매, 기술 등의 비즈니스 커뮤니케이션이 영어와 중국어 등 외국어로 많이 진행되고 있다. 이메일, 전화, 미팅, 상담, 면담, 계약 등의 업무를 할 때 수준 높은 영어가 필요해진 것이다.

80년대 말, 대우 김우중 회장의 저서 《세계는 넓고 할 일은 많다》처럼 21세기인 지금은 전 세계가 우리의 일터가 되었다. 해외 사업 확대를 위해 회사는 법인마다 직무별 주재원들이 점점 더 많이 필요해지고 있다. 그러나 사업이 확대되는 속도보다 외국어를 잘하는 사람들의 증가 속도가 더디다. 그만큼 외국어를 잘하는 사람은 해외 비즈니스를 담당할 기회가 많은 것이다. 도전하는 자에게 기회가 온다.

요즘 직장인 중 부업을 하는 사람들을 많이 볼 수 있다. 특히 해외에서 물건을 소싱해 국내에 팔거나 아마존 같은 온라인 마켓을 통해서 물건을 해외에 파는 글로벌 셀러들이 많이 등장하고 있다. 외국어를 원어민 수준으로 잘하지는 못해도 의사소통에는 문제가 없는 정도가 되어야 불안해하지 않고 해외 구매나 영업 업무를 할 수 있게 된다.

물건 하나를 팔더라도 국내의 5,000만 명을 상대로 하는 것보다 해외의 몇억 명을 상대로 비즈니스를 하면 그만큼 성공 확률을 높일 수 있을 것이다. 그러려면 외국어는 당연히 필요하다. 물론 구글이나 파파고 번역기를 돌려가며 일을 볼 수도 있을 것이다. 그러나 외국어 실력이 된다면 업무 시간이 줄고 의사소통이 좀 더 원활하게 될 것이다.

영어는 운전면허와 같다. 한번 잘 배워놓으면 유용하게 써먹을 수 있는 기술이다. 영어도 하나의 자격증이라고 생각하자. 자신의 수준보다 한 단계 높은 목표를 정해놓고 매년 꾸준히 훈련하면 서서히 끝이 보일 것이다. 그리고 한 단계, 한 단계 올라가면서 세상은 점점 넓게 보일 것이다. 할 수 있는 일들도 점점 많아질 것이다. 영어 잘해서 절대 손해 볼 일은 없다.

영어가 나를 꿈꾸게 하다

1998년 어느 가을날, 입사 3년 차였던 나는 홀로 중국 심천에 출장을 갔다. 당시 한국은 중국과 수교를 맺은 지 얼마 되지 않은 시점이었다. 중국의 가장 동남쪽에 있는 심천에 가기 위해서는 홍콩을 거쳐서 가야 했다. 홍콩 침사추이 공항에 내려서 택시로 갈아탔다. 홍콩에서 출발하는 기차를 1시간 타고 중국 국경에 도착했다. 가는 동안 영어로 사람들에게 이것저것 질문도 했다. 홍콩 국경을 넘어 출국심사를 끝내고 중국으로 넘어갔다. 당시 중국의 입국심사장은 군인들이 장총을 어깨에 메고 삼엄하게 경계를 서는 살벌한 분위기였다.

나는 김포 공항을 출발해서 중국 심천으로 2주 동안의 출장을 다녀왔다. 우리 회사가 있는 심천 공장에 들어가서 사원들에게 품질관리 교육 강의를 했다. 그리고 시험을 치르게 했다. 중국말은 할 줄 몰랐기 때문에 내가 한국어로 강의하면 조선족 사원이 중국어로 통역을 했다. 20대 중반에 나 홀로 갔던 중국 출장 경험은 이후 나에게 글로벌 마인드를 갖게 한 계기가 되었다.

90년대 말은 중국에 사업 확장을 위해 우리나라가 적극적으로 투자를 확대한 시기였다. 그래서 나에게도 중국 출장의 기회가 많았다.

당시 과장이었던 나는 현지인 간부들과 사원들의 리더십을 키우기 위한 교육 과정을 개발했다. 리더십 관련 책들을 발췌해 PPT로 교안을 만들고 그것을 영어, 중국어, 포르투갈어 등으로 번역했다. 부장, 과·차장, 대리급에 직급별 필요한 리더십 역량을 구분해 2일짜리 리더십 교육 교안을 만든 것이었다. 그리고 그 교안을 가지고 중국 현지에 출장을 갔다. 법인에서 강사 역할을 할 중국인 간부들을 선정해서 그들에게 리더십 교육을 했다. 중국의 천진, 북경, 상해, 소주, 심천, 동관 법인에 법인마다 2~3개월간 머무르며 강의했다. 1년 6개월 정도 중국 출장이 이어졌다. 천진 출장 때에는 조선족 미용실 원장이 소개해준 천진 남개대 학생을 통해 2개월간 퇴근 후 중국어 교육을 받기도 했다.

중국 지역에 리더십 교육을 전파하며 동시에 다른 국가에도 출장을 다녔다. 말레이시아, 브라질, 헝가리에도 우리 회사 공장이 있어서 같은 내용의 리더십 교육을 했다. 현지인 강사를 양성하기 위해 2주간 출장을 다녔다. 말레이시아와 헝가리에서는 영어로 번역한 교재를 사용해

교육했다. 영어 통역원이 있었지만, 영어 단어 몇 개를 섞어가며 강의를 하기도 했다.

나는 해외 출장 동안 가능한 한 여행 시간을 만들었다. 출장을 가게 되어 한 개의 도시에 체류하면, 주말에는 다른 나라나 도시로 꼭 자유여행을 하는 일정을 짰다. 천진 공장에 출장을 갔을 때는 주말에 북경을 방문했다. 상해 출장 때는 계림을 여행했다. 동관으로 가면 주말에 아래 지역인 홍콩을 방문했다. 그리고 헝가리 출장 때는 기차로 3시간 거리에 있는 오스트리아 빈을 여행했다. 말레이시아 법인 출장 때는 쿠알라룸푸르 시내를 여행했다. 해외 출장의 경험도 좋았지만, 주변 도시들을 여행하는 것은 나에게 큰 행복감을 안겨주었다. 나의 업무 특성상 한번 해외 출장을 가면 2주 이상 체류하며 업무를 해야 했다. 그래서 주말에는 가능한 한 시간을 내서 도시 주변을 둘러보려고 했다.

베트남 법인에는 세 차례 출장을 가게 되었다. 현지 법인의 신입사원 입문 교육부터 법인에 필요한 교육의 체계를 수립하는 프로젝트였다. 출장 기간, 우리 회사가 있는 하노이가 급성장하는 모습을 체감할 수 있었다. 90년대 말, 중국이 외국 기업의 투자를 유치하며 급성장했듯이, 베트남도 2010년대 들어 경제 개발에 박차를 가하고 있었다.

현지인들과의 설문조사가 필요해 대만으로 출장을 가서 변호사 미팅을 하기도 했다. 그때는 법 관련 용어가 많이 나오다 보니 영어의 필요성을 또다시 절실히 느끼기도 했다.

미국은 출장이라기보다 회사 업무를 더 잘하기 위해 배우러 간 사례다. 2005년에 10일간 플로리다 올랜도에서 개최된 기업교육 콘퍼런스인 ASTD에 참여했다. 그 후, 2010년에는 MBA 과정 1년 차에 LA USC(남가주대)에서 10일간 마케팅 수업을 들으며 라스베이거스 등을 여행했다. MBA 2년 차에는 스페인에서 수업을 들으며 2주 동안 기차를 타고 바르셀로나, 마드리드, 세고비아, 그라나다를 방문했다.

가장 최근에는 헝가리에 교육 업무를 위한 출장을 갔는데, 처음으로 비즈니스석을 타고 다녀왔다. 10일간 부다페스트에 체류하며 많이 걷고 야경도 즐겼다.

나는 해외 출장을 꽤 많이 다녀왔다. 신입사원 때 일본, 말레이시아, 독일을 경험했다. 대리 시절에는 중국 동쪽 해안 도시를 중심으로 1년 6개월 동안 북경, 천진, 상해, 소주, 동관, 심천, 마카오, 홍콩을 다녀왔다. 이후 매년 헝가리, 말레이시아, 베트남, 대만, 미국, 스페인을 나라마다 최소 10일 이상 출장을 다녀왔다. 그중 2회, 3회씩 다녀온 나라들도 있다.

나에게는 1년에 꼭 한 군데 이상의 새로운 나라를 가겠다는 꿈이 있었다. 그렇기 때문에 몸을 움직이게 된 것이다. 그리고 그렇게 하려고 영어를 손에서 놓지 않고 꾸준히 공부했다. 아니 훈련했다.

회사 내에서는 나를 교육 전문가로 칭한다. 사원들과 간부들에게 더 좋은 교육을 제공하고 더 우수한 강사를 통해 강의를 듣게 하는 것이

나의 사명이라고 생각했기 때문에 교육 업무에 열정을 쏟았다.

회사 내에서 더 큰 성장을 위해 MBA에도 도전했다. 회사에서는 무엇이든지 새로운 기회를 얻으려면 어학 능력이 필요했다. 마찬가지로 MBA도 영어 능력이 되어야 지원할 수 있었다. 1차 서류 심사를 통과하고 2차 KAIST 교수님들과 영어 면접을 치렀다. 그것도 통과했다.

나는 영어 덕분에 내가 희망했던 여러 가지를 경험할 수 있었다. 해외 출장을 통해서 여러 국가와 도시를 보고 느낄 수 있었다. 그들의 언어와 문화, 음식이 한국 사람과 다를 뿐이지, 건강하고 잘살고자 하는 것은 우리와 똑같다고 느꼈다. 그리고 영어 자격이 되어서 배움의 기회를 계속 가질 수 있었다. 해외 콘퍼런스에 참여하고 영어 원서를 수없이 봐야 했던 MBA 과정의 수업 시간을 생각하면 가슴이 뿌듯하다. 영어 자격이 되지 않았다면, 해외 출장은커녕 회사에 오래 다니기도 힘들고 연봉도 올리기가 어려웠을 것이다.

이제는 직장인으로서 내가 배우고 훈련했던 영어의 기술들을 필요한 사람들에게 코칭하는 꿈을 꾼다. 사람들이 영어를 통해서 더 많은 나라와 문화를 경험하고 삶의 폭을 넓힐 수 있도록 돕고 싶다. 그래서 사람들이 더 많은 행복을 느낄 수 있다면 나에게는 큰 보람이 될 것이다.

내 인생을 바꿔준 영어

내가 초등학교 3학년 때인 40년 전의 어느 추운 겨울 새벽이었다. 어머니는 잠자고 있는 나를 흔들어 깨우시더니 "여동생들하고 잘 지내고 있어. 엄마가 잠깐 다른 곳에 있다가 데리러 올게" 하며 집을 나섰다. 그러나 그 후 어머니는 다시 나에게로 돌아오지 않았다.

어머니가 집을 나가기 전만 해도 당시 아버지는 8톤 트럭 여섯 대로 시멘트와 벽돌 등을 건설현장에 운반해주는 운수업체 사장이었다. 퇴근할 때면 쌀 포댓자루에 현금을 가득 담아서 돌아오곤 했을 정도로 돈을 잘 버셨다. 집도 서울 잠실의 앞마당이 있는 2층짜리 단독 주택이었다. 그 정도로 풍족하게 살았다. 아버지는 자가용으로 나를 초등학교 3학년 때까지 등교시켜주었다. 사업이 잘되자 아버지는 시골 친척들에게 큰 선물도 많이 했다. 그 모습을 보며 나도 크면 아버지처럼 사업가가 되어야겠다는 꿈을 가지게 되었다.

그러다 아버지가 손을 댄 고스톱이 도박으로 이어졌다. 도박으로 돈을 잃고 집에 들어오면 아버지는 어머니에게 폭행을 가했다. 집안은 쑥대밭이 되었다. 결국에는 도박 빚 때문에 트럭도 팔고 집까지 저당 잡혔다. 결국 집을 팔고 서울 강북의 조그만 전셋집으로 이사를 하게 되었다. 그리고 그날 새벽, 어머니는 그 전세금 350만 원을 가지고 아버지 몰래 집을 나갔던 것이다. 그 후로 나는 힘든 청소년 시기를 보내게 되었다. 아버지의 노름과 이어진 사업 패망, 그리고 어머니의 가출로 부모님은 이혼하게 되었다. 나와 여동생 둘은 조그만 슈퍼를 운영하는 어느 아주머니의 가게 뒷방에 얹혀살게 되었다. 그리고 그 모르는 아주머니는 새어머니가 되었다.

사업가가 되어 부자가 되겠다는, 아버지로부터 비롯된 나의 꿈은 점점 멀어져갔다. 아버지의 도박은 내가 대학생 때까지도 계속 이어졌다. 나는 새벽 2~3시에도 아버지가 도박을 하고 있는 곳으로 가서 아버지를 모셔와야 했다. 나는 그때 도박이 정말 무서운 존재라는 걸 뼈저리게 깨달았다. 내가 대학생이 되었어도 반지하 전셋집에서 살 정도로 형편은 나아지지 않았다. 새어머니도 마음고생을 많이 하셨다.

아버지가 젊은 시절에 도박에 빠지지 않았다면, 지금쯤 매년 100억 이상을 버는 사업가로 자리매김했을 것이다. 운수업 이외에도 다른 사업을 하고 계셨을 것이다. 나는 부자가 되려면 절대 도박에 손을 대서는 안 된다고 가슴 깊이 새겼다. 지금도 고스톱과 같은 게임을 할 줄 모른다. 친척분들의 이야기에 의하면, 사업을 같이했던 아버지의 친구분들은 모두 큰 부자가 되었다고 한다. 나는 부자들이 도박한다는 얘기는 들어보지 못했다.

고등학교 2학년 봄, 어렸을 때 나를 많이 사랑해주셨던 막내 이모로부터 "네 엄마가 너를 보고 싶다고 하니 한번 만나 보라"라는 연락을 받았다. 나는 아버지 몰래 서울에서 사는 외삼촌 집에서 8년 만에 친어머니를 만나게 되었다. 하지만 그해 가을, 내가 친어머니를 만났다는 사실을 알게 된 아버지에게 심하게 얻어맞았다. 아버지는 내게 친어머니를 만나지 말라고 지시했다. 나는 다시는 친어머니를 만나지 않겠다고 아버지와 약속했다. 그 후로 친어머니 얼굴은 볼 수 없었다.

그 때문인지 학교 성적은 점점 떨어졌다. 고등학교 담임 선생님으로부터 성적이 떨어졌다고 따귀를 맞기도 했다. 나는 조용한 성격에 자존감도 낮은 청년이 되어갔다. 국어, 영어, 수학은 곧잘 해서 그나마 대학에는 들어갈 수 있었다. 그리고 대학을 졸업하고 운 좋게 공채로 대기업에 입사하게 되었다. 입사 3년 차에는 부산에서 근무 중이었다. 그런데 고등학교 2학년 때 친어머니를 만난 이후, 10년 만에 막내 이모로부터 연락이 왔다. 친어머니가 쓰러져 서울 ○○병원 중환자실에 입원해 있으니 오라는 것이었다. 친어머니는 의식불명인 채 식물인간이 되어 중환자실에 누워 있었다.

나는 할 말을 잃은 채 병원 복도에 힘없이 이틀을 앉아 있었다. 2주가 넘어가도록 의식불명 상태인 친어머니를 보호해줄 사람이 없었다. 이모는 보호자가 나로 되어 있으니 치료 중단 동의서에 사인하는 게 어떻겠냐고 말했다. 결국 나는 어머니의 연명 치료 중단 동의서에 사인했다. 산소 호흡기를 떼어낸 후, 어머니는 하늘나라로 가시게 되었다. 내 인생에서 가장 많은 눈물을 흘렸던 가장 가슴 아픈 사건이었다. 나는 살아 있는 동안 열심히 돈도 벌면서 건강하게 살기로 나 자신과 약속했다. 그리고 그 마음은 직장 생활을 하며 손에서 영어를 놓지 않는 계기가 되었다.

지독한 영어 반복 훈련은 나에게 독서의 힘을 키워주었다. 반복해서 영어 교재를 봤던 습관이 자기계발 도서와 마케팅, 부동산 책을 많이 읽을 수 있는 힘으로 연결되었다. 2년 전, 집중적인 영어 훈련을 마치고 토니 로빈스의 《네 안에 잠든 거인을 깨워라》를 시작으로 자기계발 서적을 읽었다. 그리고 1년 동안 부동산 도서 100여 권을 읽었다. 부동산 책을 그 정도 읽으니 아파트, 빌라, 상가, 오피스텔, 일반매매, 경매, 분양 등의 다양한 부동산 투자 사례를 접할 수 있었다. 영어 교재 1,100페이지를 50회 반복한 훈련이 독서의 습관으로 이어진 것이다. 하루에 한 권을 읽을 때도 있었다. 이제는 마케팅·영업 관련 도서 340권의 목록도 나의 필독서로 선정해놓았다.

영어를 공부하기 전에는 책을 펴고 10분이 지나면 눈이 피곤하고 졸려 책을 별로 보지 못했다. 그러나 이제는 하루 중 자투리 시간을 최대한 활용해서 책을 읽고 있다. 그리고 책을 읽을 때는 책의 내용 중 내 생활에 실천하고 적용할 것들이 있는지 유심히 살펴보며 읽고 있다.

성공한 부자들은 공통적으로 많은 양의 독서를 한다는 것을 알게 되었다. 나도 독서를 통해 성공한 사람들의 지혜와 경험을 얻을 수 있다는 것이 가장 큰 혜택임을 깨달았다. 영어 실력도 크게 늘었지만, 영어 공부를 하며 내 인생을 가장 크게 바꾼 건 역시 책을 읽는 힘을 얻게 된 것이다.

성공한 사람 중에는 어려서부터 어렵고 가난하게 살다가 자수성가한 사람들이 많다. 그들은 가난했기 때문에 부자가 되고 싶은 열망이 높았고 희망의 끈을 놓지 않았다. '한책협'의 김태광 코치는 일반 직장인들이 귀감으로 삼을 만한 좋은 성공 사례다. 그는 20대에 작은 신문사에서 기자로 생활하다가 퇴직하고 베스트셀러 작가가 되었다. 그리고 1인 창업가가 되었다. 지금은 작가와 1인 창업가가 되려는 사람들을 돕는 사업을 하고 있다. 그러면서 그는 경제적·시간적 자유인이 되었다. 1만 권의 책을 읽은 김태광 코치는 시대가 바뀔 것을 미리 알고 10년 전부터 메신저 사업을 구상하고 실천에 옮겼다. 벌써 1,000명이 넘는 사람들이 그에게서 도움을 받아 작가가 되었고, 1인 기업가가 되었다. 그중에 성공한 사례가 너무 많아 그들 각자의 성공 신화를 들으려면 시간이 모자란다.

고등학교 때 부모님을 따라 미국에 이민 갔던 김승호 회장은 여러 번의 사업 실패에도 오뚝이처럼 다시 일어섰다. 그러다 결국, 김밥 사업으로 미국을 평정했다. 올해 매출액이 1조 원이라고 한다. 김밥집 이름은 '스노우폭스'. 한국식으로 표현하면 '백여우'다. 김승호 회장 부인의 어렸을 때의 별명이 백여우라고 한다. 그래서 영어식으로 회사 이름을 'SNOWFOX'라고 정했다. 그는 가족애를 최우선으로 여긴다. 나도 가족 사랑 없는 성공은 성공이 아니라고 생각한다.

영어 공부를 집중적으로 하며 술자리를 멀리하게 된 것 또한 내 인생의 큰 변화 중 하나다. 나는 업무 특성상 저녁 간담회가 많았으나 퇴근 후 영어 공부를 하면서 자연스럽게 술자리를 멀리하게 되었다. 그러다 보니 건강도 좋아지는 것을 느꼈다. 하룻저녁 술을 마시면 다음 날 컨디션에 지장을 주었는데, 술을 안 마시니 그럴 일이 없어졌다.

가끔 집에서 아이들이 말을 잘 듣지 않으면 버럭버럭하고 화를 내곤 했다. 그러나 영어 공부를 하면서 집에서 화를 내지 않게 되었다. 영어 공부에 집중하며 인내심을 배운 덕분이다. 그리고 책 읽고 공부하는 집안 분위기가 되었다. 또한, 영어를 공부한 덕분에 나는 많은 나라와 도시에 출장을 다녀올 수 있었다. 그리고 글로벌 교육 전문가가 되었다.

당신의 몸값을 올려주는 영어

회사에서는 매년 신입사원을 채용한다. 서류심사와 면접을 통해 인력을 채용한다. 기본적으로 지원자의 전공 성적을 본 후, 외국어 실력과 특별한 경험 등이 있는지 살펴본다. 면접에서는 리더십 등 개인의 자질 등 태도 면을 중점적으로 평가한다. 회사에 입사해 무리 없이 조직에 잘 적응하고 맡은 업무를 잘해나갈지 등을 유심히 살펴본다.

회사의 주력 부대는 회사의 매출과 이익에 가장 이바지를 많이 하는 부서로 기획·마케팅·개발·생산 부서다. 이러한 주력 부서에는 부가가치를 가장 많이 낼 수 있는 우수한 인력을 배치한다.

신입 인력을 배치할 때 가장 많이 보는 것 중의 하나가 외국 경험 또는 외국어 능력일 것이다. 외국어를 잘하면 바로 외국의 바이어나 고객에게 대응을 할 수 있기 때문이다.

회사에서 생산하는 제품이나 서비스는 입사 후에 빨리 배울 수 있다. 그러나 외국어 능력이나 외국에서의 경험은 하루아침에 이루어질 수 있는 것이 아니다. 그렇기에 이미 학창 시절에 외국어 능력을 많이 쌓아놓은 사람은 입사 후에 회사 내 주력 부서에 배치될 확률이 높다. 주력 부서는 회사의 경영진과 가깝게 연결되어 있고 회사 운영에 필요한 많은 정보와 비용이 관여되어 있어 여러모로 배울 것이 많은 조직이다. 그래서 주력 부서에서 근무한 사원들은 몸값을 높여 타 회사로의 이직이 잦다.

사회가 디지털화·세계화될수록 영어에 대한 필요성은 점점 더 커지고 있다. 아무리 번역 프로그램이나 기능이 잘 개발되더라도 외국어 능력을 보유한 인재는 우대받는다. 회사들이 매년 승격 시즌에 직원들의 업무 능력을 따질 때, 빠지지 않는 것 역시 외국어다. 특히 영어 능력을 많이 본다. 승격 대상자인 A와 B의 업무고과가 같은 상황이라면, 어학 능력이 있는 사람은 승격되고, 어학 능력이 없는 사람은 탈락한다. 그만큼 어학 능력은 어떤 사람의 능력을 평가할 때 최후의 보루가 된다. 그래서 회사 내에서 승격을 원한다면 어학 능력 보유는 필수다.

그런데 매년 내 주변의 승격 대상자들을 보면 영어, 중국어 공부를 하겠다고 노력하지만, 그게 말처럼 쉽지 않은 모양이다. 직장 생활을 하면서 이것저것 신경 써야 할 일이 많으니 외국어에 온전히 신경을 쓰고 몰입하는 것이 어려운 것 같다.

회사 승격 제도에서 외국어의 등급 유무를 따지지만, 이는 사실 외국어 능력을 보유하기까지 성실성과 인내의 태도를 보는 것이다. 그만큼 외국어 등급을 취득하기가 쉽지 않기 때문이다.

승격자는 더 높은 연봉을 받을 기회가 주어진다. 승격하기 전보다 연봉이 많이 상승한다. 그리고 외국어를 잘하는 직원은 회사 내에서 여러 가지 배움의 기회와 특전을 얻을 수 있다. 어느 회사의 경우, 1년 이상 해외에 체류하며 그 나라의 지역을 탐방하고 어학 능력을 키울 수 있는 지역 전문가 제도를 운용한다. 1인당 소요되는 경비만 해도 급여를 포함하면 억대가 넘는 비용이 지원된다.

그리고 해외 세미나, 콘퍼런스에 참여할 기회도 부여된다. 회사 내 배움의 끝판왕이라고 할 수 있는 MBA 제도는 회사 경영에 필요한 모든 것을 배우기 때문에 많은 사원이 교육받기를 희망한다. 그러나 워낙 고가의 과정이기도 해서 소수의 사원에게만 기회가 주어진다. MBA 과정도 학습하는 데는 영어 능력이 매우 필요하다. 그래서 입학생 선발부터 영어는 매우 중요한 요소가 된다.

외국어를 잘하면 해외 출장의 기회도 많이 주어진다. 해외 출장을 가게 되면 많은 부서원으로부터 부러움을 사게 된다. 일주일 정도의 해외 출장을 가려면 항공료, 숙박비, 생활비, 교통비 등의 소요 비용이 몇

백만 원은 훌쩍 넘어간다. 그런 비용을 회사로부터 지원받는다. 그리고 해외에 출장을 가게 되면 우리나라에서는 경험할 수 없는 다양한 문화와 견문을 넓힐 수 있게 된다. 특히 영어를 잘하면 어느 나라를 가더라도 일하고 생활하는 데 불편함이 없으므로 어떤 어종보다도 사람들은 영어 공부에 시간을 많이 쏟는다.

회사는 해외 출장 인력을 선정할 때 통역 없이 혼자서도 일할 수 있는 인력을 우선 선발한다. 그래서 외국어 구사가 가능한 사람을 선호한다. 국내 인력이 해외로 출장을 많이 가기도 하지만, 역으로 해외에서 국내로 현지인들이 역 출장도 많이 온다. 그때 전문 통역 인력이 업무 지원을 하기도 하지만, 영어 구사가 되는 사원이 우선 외국인 사원을 대응하게 된다. 그렇게 외국인 사원과 업무적인 관계로 만나지만, 서로 친구가 되기도 한다. 해외 인력이 국내를 떠나더라도 서로 연락을 주고받으며 친분을 쌓는다. 국내 인력이 해외로 가면 더욱 가까운 글로벌 직장 동료가 된다.

나는 영어로 인해 운이 좋았다. 대학 졸업 후 취업 시즌에 친구들보다 토익에 관심이 많았던 덕분에 준비를 많이 하고 회사에 입사할 수 있었다. 그리고 직장 생활을 하면서 영어에서 손을 놓지 않고 꾸준히 학습했기에, 매년 여러 나라에 출장을 가서 업무를 하며 현지 문화를 경험할 기회를 얻었다. 또한, 회사가 원하는 영어 능력을 보유했기에 사원부터, 대리, 과장, 부장 단계의 승격 때마다 빠지지 않고 승격할 수 있었다. 영어로 인해 나의 몸값이 가장 많이 오른 것은 MBA 과정을 졸업한 후였다. 당시 꽤 비싼 등록금의 MBA 과정을 회사가 지원했다. 개인 경비로는 감당하기 어려운 교육비였다.

나는 영어를 통해 회사로부터 많은 기회를 얻었고 경험했다. 그리고 영어에 대해 계속된 동기 부여를 받았다. 이제는 주재원 수준의 영어를 구사하고 어떤 해외 업무도 할 수 있다. 나는 영어로 인해 회사가 주는 여러 혜택을 누렸고, 억대 연봉을 받는 간부가 되었다.

PART 02

직장인이 영어가 되는 방법은 따로 있다

직장인이 영어가 되는 방법은 따로 있다

새벽 5시 40분. 깜깜한 새벽에 출근을 위해 집을 나선다. 야간 등산용 헤드랜턴을 머리에 끼우고 회사 셔틀버스를 타는 데까지 30분을 걷는다. 그동안 나는 헤드랜턴을 켜고 영어책을 펼쳐 그것을 보고 들으며 걷는다. 그렇게 새벽 출근 시간에 시작하는 나의 영어 공부는 하루 동안의 영어 공부를 위한 마중물이 된다.

아침부터 영어를 시작하는 날은 영어 공부를 많이 할 수 있다. 반면, 아침에 다른 일에 우선순위를 두면 영어 공부할 시간을 많이 놓치게 되었다.

이렇게 새벽 출근길에 시작한 영어는 출근 버스를 타면서 듣기 기능으로 전환한다. 사무실 도착 후, 업무 시작 전 8시까지 나의 아침 영어는 계속된다. 오전 업무를 보고 점심 식사는 아침에 가져온 샌드위치로 가볍게 때운다. 그러면 50분 정도의 점심시간을 쓸 수 있다. 사무실 옆 회의실로 가서 점심 영어 공부를 시작한다. 졸음이 오는 날은 서서 영어를 듣거나 본다.

오후 업무를 보고 퇴근 후에는 좀 더 많은 시간을 영어에 투자한다. 집에서 저녁 식사를 마치고 저녁 8~9시 사이에 도서관이나 카페로 간다. 영어 듣기만 해도 되는 날은 도서관으로 향하고 입으로 말해야 하는 날은 카페로 가서 혼자서 영어로 떠든다. 그리고 집에 오면 밤 10~11시가 된다. 나의 평일 하루 영어 훈련 시간은 많으면 3~4시간, 적게는 적어도 2시간 정도를 하게 된다.

주말에는 토요일 오전과 일요일 오전에 영어 공부를 2~3시간 먼저 해놓는다. 그러고 나서 가족들과의 시간이나 내가 해야 할 다른 일들을 한다.

나는 영어 공부와 훈련을 첫 번째 우선순위로 두고 일과 계획을 짰다. 직장 생활과 병행해야 하는 나의 영어 공부는 시간과의 싸움이었다. 어떻게 하면 자투리 시간을 잘 활용할지가 관건이었다. 하루에 10시간 이상 공부할 수 있는 환경이라면, 좀 더 빠른 기간 안에 영어 공부의 진도를 나갈 수 있을 것이다. 그렇지만 일하면서 영어를 습득하기 위해서는 업무 외의 시간을 최대한 활용하는 방법밖에는 없었다.

아침에는 커피 한잔하며 여유를 부리고 싶었다. 점심에는 식사 후 햇빛을 보며 가볍게 산책도 하고 싶었다. 퇴근 후에는 저녁을 먹고 재미있는 영화, 드라마를 보고 싶었다. 그러나 나는 참았다. 그리고 그 자투리 시간을 영어로 채웠다. 주말 아침에는 바로 도서관으로 카페로 갔다. 그렇게 1년의 생활을 영어와 함께했다.

졸음이 오고 눈이 피곤해서 힘든 날도 많았지만, 영어에 귀가 뚫려 시원한 날이 왔다. 그리고 외국인과 자유롭게 대화하는 상상을 하며 즐겁게 영어와 놀았다.

직장인이 영어를 정복하기 위해서는 매일 꾸준히 쉬지 않고 공부할 수 있는 시간을 확보해야 한다. 자투리 시간을 그냥 흘려보내지 않고 나의 시간으로 만들어야 한다. 놀 것 다 놀고 쉬고 싶을 때 다 쉬면서 내가 얻고자 하는 것을 얻을 수는 없다. 최소한 3~6개월간 주말 포함해서 매일 2~3시간은 영어와 함께하는 시간을 만들어야 한다. 그래야 가시적인 효과를 얻을 수 있다. 내 주변의 많은 동료 직장인들이 뭔가를 배우기로 마음먹지만, 자의 반 타의 반 중간에 포기하는 것을 자주 보게 된다.

직장인들은 평소에 영어를 쓸 일이 없다. 주로 해외 영업부에서 근무하거나 CS 부서의 외국 고객관리를 하는 직장인이나 영어를 좀 쓸까, 대부분은 영어를 쓸 일이 없다. 그러다 보니 영어를 배우고 싶은 마음은 있으나 실천에 옮기기가 쉽지 않다.

외국인과 전화를 하거나 이메일을 주고받거나 회의를 하다가 영어에 대한 스트레스를 받게 되었을 때에야 영어 학원에 등록하거나 인터넷 강의를 듣거나 과외 수업을 들으려 할 것이다. 나도 내 업무 특성상 국내에서는 영어를 쓸 일이 거의 없다. 해외 출장을 가서야 영어를 쓸 일이 생긴다.

그럼, 어떻게 하면 영어에 대한 동기 부여를 할 수 있을까? 영어를 잘하게 되면 풍요로워지는 나의 인생의 모습을 상상하는 것이 나에게는 가장 큰 동기 부여가 되었다. 영어로 연설을 하고 영어로 회의를 하고 영어로 전 세계를 여행하고 영어로 외국인 친구를 만나 식사하고 농담하는 모습들을 상상했다. 그것은 나를 영어 공부에서 손을 놓지 않게 했다.

끊임없는 영어에 대한 동기 부여가 자투리 시간에 영어와 함께하는 것만큼 중요했다. 평소에는 영어를 쓸 일이 별로 없었기에 "영어를 잘해서 뭐 해", "영어 못해도 살아가는 데 전혀 지장 없잖아" 하면서 영어에 관심을 끊을 수도 있었다. 그러나 나는 영어를 잘하면 얻게 되는 많은 기회와 이익들을 상상했다. 그리고 그 혜택을 하나둘씩 누릴 수 있었다.

내게 영어에 대한 동기 부여가 제일 많이 됐던 것 중의 하나는 과거의 지나간 날들이었다. 중학교, 고등학교, 대학교, 그리고 회사 입사 후에도 계속된 영어로 인한 스트레스에도 불구하고 영어를 잘하지 못했던 것에 대한 억울함이었다. 도대체 뭐가 문제여서 20년 가까이 영어를 접해도 말을 잘 알아듣지 못하고, 하지 못하는 것일까?

나는 과거에 영어에 쏟았던 시간, 비용들이 너무 아까워서 이대로 영어를 포기할 수 없었다. 퇴직 전에는 반드시 끝내고 퇴직하겠다고 결심했다. 솔직히 영어를 잘하지 못해도 대한민국에서 평범하게 살아가는 데는 지장이 없다. 영어 안 쓰는 일을 하고 해외 여행도 패키지 여행으로 다니면 된다. 그러나 국제화·세계화된 현재의 대한민국에서 더 많은 기회와 혜택들을 누리고 좀 더 풍요롭게 살기 위해서 영어는 필수다.

영어를 공부하면서 나를 지치게 했던 것이 있다. 그것은 영어를 잘하는 다른 사람과 나를 비교하게 되는 것이었다. 특히 외국에서 오랫동안 살다 온 영어를 잘하는 한국인들을 보면 부러움에 힘이 빠지기도 했다. 영어를 많이 하는 환경에서 살다 온 사람들은 아무래도 당연히 영어를 잘할 수밖에 없다고 생각했다.

그런데 오랜 세월 영어를 공부하다 보니 외국에서 아무리 오래 살아도 영어를 잘하지 못하는 사람도 많다는 사실을 알게 되었다. 그 뒤로 나는 다른 사람과 비교하지 않게 되었다. 대신 과거의 나와 비교하기로 했다. 어제보다 나은 나의 모습을 생각하며 매일매일의 영어 학습을 지속했다. 조금씩 영어 발음이 교정되고 악센트에 힘이 실리며 나의 영어에도 변화가 일어났다.

나는 30대에 학원에서 영어 회화 수업을 듣기도 했지만, 실력이 그다지 늘지 않았다. 뒤돌아보니 영어도 일종의 훈련이라서 실력을 한 단계 올리려면 그만큼 집중해서 훈련해야 한다는 것을 경험했다. 중간중간 쉬는 기간이 길수록 다시 처음부터 시작해야 하는 것이었다.

하지만 직장인들은 연속해서 집중적으로 시간을 활용하기가 어렵다. 그래서 목표한 자기계발이 지지부진해지기 쉽다. 또한, 너무 오랫동안 공부하면 지치기 쉽고 효율이 떨어질 수 있다. 그렇기에 자신의 현재 영어 수준에서 한 단계 오르기 위한 목표 기간을 3~6개월 이하로 잡는다. 그리고 그 기간에는 무슨 일이 있어도 매일 2~3시간을 집중해서 훈련하는 것이 가장 효율적이다. 하다 말다, 하루 걸러 한 번씩 학습하다 보면 기간이 길어져 중도에 포기하게 되는 확률이 높아진다.

직장인이 영어를 잘할 수 있게 되는 유일한 방법은 자신의 하루 일과 중 그냥 흘러가는 자투리 시간을 잘 모아서 어떻게 쓸지 계획하고 소중히 활용하는 것밖에 없다. 또한, 그리고 영어를 잘하게 된 후 변화된 나의 멋진 모습을 매일 상상하는 것이다.

잘하는 사람들을 본받되, 비교하며 열등감에 사로잡힐 필요는 없다. 과거와 오늘의 나를 비교하고 매일 나아지는 나의 모습을 보며 흐뭇해하면 그만이다. 너무 오랫동안 영어 공부에 질질 끌려다니지 않아야 한다. 한 단계 올리는 데 3~6개월 안에 끝마치고자 노력하는 것이 포인트다.

10년을 배워도 전화 한 통 못 하는 영어

어느 날, 갑자기 사무실에 전화벨이 울렸다. 부서의 A사원이 전화를 받았다. 외국인의 전화였던지라 그 직원은 갑자기 말문이 막혀 다른 사람에게 전화를 급하게 돌렸다. 전화를 돌려받은 B사원은 "Hello, um wait, wait" 하다가 "외국 사람이 뭐라 뭐라 하는데, 못 알아듣겠어요" 라고 내게 말했다. 내가 전화를 이어서 받았다. "Hello, this is Mr. Choi. who's speaking?"이라고 말하며 통화해보니, 다른 회사로 잘못 알고 걸려온 전화였다.

그렇게 어렵지 않은 대화인데 평소 외국인과 전화로 소통할 일이 없으니, 훈련이 되어 있지 않아서 못하는 것이다. 영어는 철저하게 몸으로 익혀야 하는 훈련이 필요하다. 암기식으로 공부하는 그런 교육과목이 아니다.

3년 전, 영어를 집중해서 학습할 때 나는 우연히 수영 강습을 기초부터 받기 시작했다. 물속에 코를 집어넣었다 뺐다 하면서 호흡하는 것을 제일 먼저 배웠다. 그 후, 물에 뜨기 위해서 몸의 힘을 빼고 물에 뜨는 기초 연습을 했다. 그리고 한 달 동안 평일에는 자유형 강습을 배우고, 주말에 혼자서 자유 수영 연습을 했다. 그렇게 나는 자유형 수영을 할 수 있게 되었다. 그 뒤로 배영, 평영, 접영을 계속 이어서 배우고 연습했다. 기초반, 중급반, 고급반, 연수반으로 이렇게 단계를 높여갔다. 수영 실력이 되어야 위 단계로 올라갈 수 있었다. 2년 정도 강사에게 지도를 받고 주말에 혼자서 반복 훈련을 하니 수영이 몸에 익어갔다. 몸에 체득된 것이다. 이제는 수영장에 가면 발차기를 한 번만 하고도 자유형으로 수영을 할 수 있다. 호흡도 편하게 할 수 있으며, 1시간 수영해도 힘들지 않다.

영어도 수영과 마찬가지로 훈련이 필요한 종목이다. 전화로 영어를 말할 수 있으려면 우선 전화를 해봐야 한다. 그리고 전화할 때 필요한 단어나 문장들을 듣고 말하기를 반복해보면 되는 것이다. 그런데 보통은 전화를 직접 해보지 않고 책에서만 나오는 전화 문장들을 눈으로만 보고 암기식으로 공부한다. 그러니 실제 전화 통화해야 할 때 암기한 문장들이 기억이 나지 않는 것이다.

서울의 강남역 주변 거리를 걷다 보면 심심찮게 외국인을 볼 수 있다. 어떤 외국인이 길을 가다 한국인에게 길을 묻는다. 한국인은 손을 절레절레 흔들며 손으로 행동만 취한다. 말은 하고 싶은데 입 밖으로 영어가 바로 튀어나오지 않는다. 중학교 때 배운 영어 단어들인데도 말이 안 나온다. 왼쪽, 오른쪽, 직진 이런 단어들만 써서 말해도 외국인은 알아들을 텐데 말이다.

10년 동안 영어를 배워도 듣기만 하다 보니 말하기가 되지 않는다. 우리나라에서는 영어 중 토익 시험 점수로만 졸입 기준을 두는 대학교들이 많다. 대학을 졸업하고도 영어 말하기를 잘 못하는 이유다. 토익 시험은 영어 대화나 지문을 듣고 질문에 대한 네 개의 답 중에 고르는 시험이다.

그렇게 10년 넘게 읽기 위주의 영어 공부를 하다 보니 말문이 트이지 않는다. 그리고 듣기조차도 발음이 아주 또박또박하고 깔끔하게 정제된 성우가 말하는 문장들을 듣는다.

하지만 현장에서 사용하는 생생한 영어 어휘와 문장들로 듣고 말하기 훈련을 해야 귀가 뚫린다. 중학교, 고등학교 교과서에 나와 있는 정돈된 문장의 듣기만으로는 실생활에서 쓰이는 영어 대화에서 듣기가 잘되기 어렵다.

나는 매일 점심시간 20분을 전화 영어로 듣고 말하기를 훈련했다. 월요일부터 금요일까지 주 5일, 5개월 동안 전화 영어를 하고 나니 원어민 강사의 발음, 악센트, 억양을 거의 따라 할 수 있게 되었다. 전화 영어의 주제는 매일 바뀌었다. 한국에서 논쟁거리가 되었던 사례들과 비즈니스 세계에서 궁금해하는 사항들이 전화 영어의 주제들이었다. 해당 주제에 대한 지문을 읽고 듣고 질문하고 답하기를 영어로 했다.

전화 영어의 강사는 한국말을 전혀 할 줄 몰랐다. 그러니 어쩔 수 없이 내가 영어로만 말할 수밖에 없었다. 20분간 전화 영어를 마치면 강사가 바로 문자로 내 발음, 어휘, 문법 등에 대해 수정해야 할 부분을 피드백해주었다. 매일 20분간의 짧은 시간이었지만, 5개월간 지속했던 듣고 말하기 훈련은 나에게 많은 동기 부여와 실력 향상을 안겨다 주었다.

언젠가 내 전화 영어 수업을 담당했던 원어민 강사가 필리핀 마닐라에서 한국으로 가족들과 겨울 여행을 왔다. 나는 그녀의 가족들에게 홍대 근처에서 저녁 식사를 할 것을 제안했다. 그리고 첫째 딸과 함께 저녁 식사에 참석했다. 홍대 앞에 있는 삼겹살 식당에 모인 식구들은 대가족이었다. 강사의 남편, 여동생, 남동생, 어머니, 아버지, 나, 그리고 나의 딸 이렇게 여덟 명이 모여 저녁 식사를 했다. 물론 영어로 자유롭게 대화하며 맛있게 식사했다. 5개월간의 전화 영어를 통해 원어민 강사의 가족들을 저녁 식사에 초대해 같이 식사하며, 즐거운 추억을 남겼다. 나이가 지긋한 원어민 강사의 아버지는 필리핀 마닐라에 오면 자신의 집에서 저녁을 대접하겠다고 꼭 연락하라고 하셨다.

10년 넘게 배워도 영어를 말하지 못하는 가장 큰 이유는 문법 중심의 암기식 시험을 위한 영어 공부를 했기 때문이다. 영어가 암기과목이 되어 사지선다형 문제에서 답을 찍어왔다. 그리고 벼락치기로 암기하고 시험을 보면 공부한 것을 다 잊어버렸다. 문법 공부할 때 예문에서 봤던 문장들이 실생활에서 그대로 쓰이는 걸 별로 보지 못했다. 그리고 그 문장들이 입에서 튀어나오지도 않았다. 수영을 이론 강의로 듣고 필기 시험을 보고 해보라고 하는 것과 마찬가지의 영어 공부를 해온 것이다. 영어로 대화하고 농담하고 발표하고 토론하는 시간이 많아야 한다.

우리나라의 문법 위주의 수업 방식은 정말 고쳐야 할 교육 방법이다. 적어도 영어 말하기에 있어서는 말이다. 영어를 말할 때 좀 어색하다 싶으면 그때 문법을 들여다보면 된다. 그럴 때 제대로 된 문법 공부가 될 것이다.

우리는 어릴 적 말을 배울 때, 문법부터 공부하지 않았다. '한국어는 주어, 목적어, 서술어의 순으로 이루어졌다'고 배우며 말하지 않았다. 어릴 때부터 말을 하다 보니 순서가 그러하다는 것을 자연스럽게 깨달은 것이다. 문법은 자신에게 부족한 핵심적인 부분만 보완하는 수단으로 공부해주면 된다. 문법 공부한다고 몇 개월을 붙잡고 있어봐야 실제로 말할 때 머릿속에서 바로 튀어나오지 않는다. 말할 때 문법대로만 정확하게 말하려고 애쓰다 보면 말이 더 꼬이고 어색하게 된다. 문법이 좀 틀리더라도 말을 먼저 해보려는 노력이 더 중요하다. 그리고 그렇게 하는 게 영어의 말문을 좀 더 빨리 틔울 수 있다. 나는 10시간 정도 할애해서 중·고등학교 때 배운 문법을 복습하는 정도로만 학습했다. 그걸로 충분했다. 문법을 잘 몰라도 전화 통화는 얼마든지 가능하다.

그런데 대화는 서로 주거니 받거니 하면서 할 말이 생각나고 이어지는 것이다. 그렇기에 전화 영어는 어느 정도 듣기와 말하기의 기본기가 갖추어진 후, 시도하는 게 좋다. 처음부터 외국인과 바로 대화해보겠다고 도전하는 것은 좋으나, 기본 실력이 되어 있지 않은 상태에서 시도하면 오히려 스트레스만 받는 결과를 초래한다.

영어 공부,
해도 해도 안되는 이유

내가 대리직급 시절, 영어 공부에 실패한 적이 있다. 나는 그 당시 대통령이었던 빌 클린턴 대통령의 연설문으로 공부하겠다고 시도했다. 1시간짜리 동영상 연설문 파일을 가지고 세 번 정도 반복해서 들어봤다. 그런데 재미가 없었다. 그것은 내가 정치에 관심이 없었기 때문이었다. 그리고 어려운 단어는 아니었지만 듣기만 했을 때 알아듣지 못하는 발음도 많았다. 즉, 모르는 단어가 많았다. 총체적 문제였다. 나는 미국 대통령의 연설문으로 영어 공부를 해서는 안 될 사람이었다. 내가 미국 대통령의 연설문으로 영어를 공부하겠다고 했던 건 자만이었다. 나는 연설문으로 영어를 공부한다고 뽐내려고 했다. 기본 실력이 되지 않은 상태에서 높은 단계를 공부하는 건 시간 낭비, 돈 낭비다.

과거에 미국 드라마, 시트콤 중에 유명했던 〈프렌즈〉라는 프로그램으로도 영어 공부를 시도했던 적이 있다. 레이첼 역을 맡았던 제니퍼 애니스톤과 챈들러역을 맡았던 매튜 페리의 연기가 특히 재미있었다. 그러나 자막을 통해 재미있게 보는 것은 좋았으나, 모르는 단어를 찾고 안 들리는 단어를 또 반복해서 들으려니 고역이었다. 대통령 연설문으로 공부하겠다고 해놓고 실패했던 것처럼, 미국 드라마로 영어 공부를 시도한 것도 나에게는 실패 사례가 되었다. 기본적인 어휘력 부족에 발음도 익숙하지 않아서 한 장면, 한 장면 영어 공부의 진도를 나가는 게 너무 더디었다. 그래서 성취감을 못 느끼고 지치게 되어 중간에 포기한 것이다.

회사 업무를 마치고 영어 회화 수업도 몇 개월 출석했다. 영어 회화 수업에 참여하면 회화를 잘하게 될 줄 알았다. 그러나 그것은 착각이었다. 강사가 회화를 잘하는 것이지, 나는 그냥 강사가 말하는 것을 들어주려고 가는 것뿐이었다. 강사가 주관하는 수업에 참석을 많이 한다고 영어를 잘하게 되는 것은 아니었다. 나는 항상 어떤 강사가 영어를 잘하는지, 어떤 강사의 수업방식이 독특한지 등에 관심이 많았다. 하지만 사실은 영어 강사가 영어를 아주 잘할 필요는 없었다. 내가 영어 구사를 잘할 수 있게끔 코치를 잘해주는 강사가 잘 가르치는 강사였다. 그렇게 강사의 강의 중심의 영어 회화 수업에서도 나는 별다른 성과를 얻지 못했다. 나는 영어 공부에 시도를 계속하는데 무엇이 문제이기에 원하는 만큼 영어 실력이 늘지 않은 것인지 고민을 많이 했다.

영어 공부 방법을 바꿔가며 이것저것 시도해봤지만 제대로 공부를 마친 것이 없었다. 한 개의 교재를 가지고 2~3개월을 넘겨보질 못했다. 중·고등학교와 대학교에 이어 직장 생활을 하면서까지 공부한 영어가 크게 늘지 않았다. 나에게 맞는 제대로 된 영어 공부 방법도 찾지 못했다. 그리고 선택했던 공부 방법도 꾸준하게 목표를 달성할 때까지 지속하지 못했다.

나의 수준을 한 단계 높이는 데 필요했던 힘든 순간을 견디지 못했다. 처음 1~2개월은 재미있게 시작했다가 재미가 없어졌다. 채워야 할 영어 공부 시간을 채우지 못하고 또 다른 새로운 방법이 없는지 찾았다. 자전거로 운동하겠다고 결심하고, 바로 자전거를 산다. 처음에는 신이 난다. 20분 정도만 타던 것을 너무 좋아서 타는 시간을 늘린다. 그리고 점점 멀리 가고 싶어진다. 그러다 점점 힘들어진다. 자전거를 바꿔야 하나 고민한다. 또 날씨가 너무 덥거나 추우면 자전거를 타지 않는다. 1년 중 자전거 타는 날이 많지 않게 된다. 처음에 자전거 타기를 목표로 정하면서 다이어트도 하고 허벅지에 근육도 단련하고 건강하게 살겠다고 다짐한다. 그러나 시간이 지나면서 흥미를 잃게 되어 자전거 타기의 매 단계를 넘지 못한 채, 처음 시작하면서 세웠던 목표에 영영 도달할 수 없었다.

영어도 마찬가지다. 처음에 새로운 공부 방법이라고 해서 ○○회사에서 나온 A 교재로 공부하며 재미를 느낀다. 힘들고 재미가 없어져

1~2개월 넘기지 못한다. 'A 교재는 나한테 안 맞나 봐' 하면서 그 교재는 손에서 점점 멀어진다. 그래서 또 다른 회사에서 만든 영어 상품을 찾는 데 혈안이 된다. 출판사 좋은 일만 한다.

나의 이러한 영어 상품 선정에 대한 방황은 고등학교 때의 《맨투맨》 문법책부터 시작됐다. 그것은 《성문종합영어》로 이어지고 대학교 들어서는 《안 박사 토익》, 《Vocabulary 22,000》, 그 외 비싼 영어 회화 테이프들로 이어졌다. 《영어 공부 절대로 하지 마라》와 같은 공부법에 관한 책도 보며 다시 시도해보지만, 역시 1~2개월로 끝난다. 3개월 이상을 한 종류의 영어 교재, 한 종류의 테이프를 가지고 꾸준히 해본 적이 없다. 책거리를 해본 적이 없다. 한 권의 책을 끝까지 공부해서 온전히 내 것으로 만들어본 적이 없다. 그만큼 혼자서 공부하기 쉽지 않았다.

영어가 다른 취미생활이나 운동과 다를 바 없다는 생각이 들었다. 헬스장에 등록하고 나면, 처음에 나의 신체 상황을 점검한다. 체지방, 체질량 지수 등을 체크하고 근육량도 본다. 그리고 내 몸 상태에 맞는 운동을 시작한다. 맨몸 체조부터 시작해 스쿼트, 런지, 팔굽혀펴기 등 기본 동작을 한다. 그러다가 중량물이 갖춰진 헬스 기구를 사용한다. 20가지가 넘는 기구들을 사용하는데, 처음에는 재미있다. 이 기구, 저 기구 사용해본다. 운동 후에는 온몸이 쑤신다. 평소에 쓰지 않던 근육을 사용하다 보니 힘들다. 힘들어도 며칠 더 헬스장에 가서 준비운동을 하고 혼자서 또 이 기구, 저 기구를 다루어본다. 만만치 않다. 그러다 점점 힘들어지고 재미가 없어진다. 같이 다니는 친구라도 있으면 이런저런 얘기라도 하면서 할 텐데 혼자서 하니 재미가 없어진다. '헬스장에서 하는 운동은 나한테 안 맞나봐' 하면서 헬스장 등록 기간을 채우지 못하고 흐지부지 운동의 꿈은 사라진다.

많은 사람들에게 이런 경험이 있을 것이다. 나도 물론 그 안에 포함돼 있다. 운동이나 자기계발 목표를 두고 3개월, 6개월, 1년 이상 꾸준히 지속하며 실천하는 사람을 쉽게 볼 수 없다. 그래서 성공하는 사람들이 많지 않은 것 같다. 모든 것은 자기와의 약속이고 싸움이다. 의지력, 실천력이 중요한 것 같다.

한국 사람은 주식 투자를 할 때 단기 투자를 좋아하는 사람들이 많다. 한 달 용돈벌이를 한다고 주식을 하루에도 몇 번이나 샀다 팔았다 한다. 매매 수수료로 증권사만 돈을 번다. 요즘은 많이 나아지긴 했지만, 주식에 관해서 공부도 하지 않고 짧은 시간 안에 돈을 벌어보겠다고 단기 투자에 몰입한다. 6개월에서 1년 이상 주식을 보유하지도 않고, 주식 가격이 조금만 올라가도 떨어질까 봐 팔고, 내려가면 더 떨어질까 봐 판다. 이러니 주식 투자 승률이 높을 리 없다.

주식 전문가들이 공통으로 하는 이야기가 있다. 직장인들이 주식 투자에서 성공하려면, 적금 들 듯이 매달 조금씩 장기간 꾸준히 우량주를 매입하라는 것이다. 그리고 팔지 말라고 한다. 주식 가격이 오르든 떨어지든 매월 계속 사라는 것이다. 그리고 주식 가격이 내려가면 주식을 좀 더 싼 가격에 한 주라도 더 살 수 있으니 좋은 것이라고 한다.

영어에서도 학원이나 교재를 한 개의 주식 종목이라고 볼 수 있다. 많은 사람들이 이 상품으로 공부하다 안되니 저 상품으로 갈아타고, 또 다른 상품으로 갈아타고를 반복한다. 학원이나 출판사에 좋은 일만 해주는 것이다.

너무 높은 목표를 갖고 단기간에 이루려고 하는 것도 중도에 쉽게 포기하게 하는 요인이다. 영어는 하루 만에 일취월장할 수 있는 성질의 것이 아니다. 하루 만에 눈에 띄게 발전하는 모습이 나타나지 않는다. 콩나물을 키우려고 콩나물시루에 물을 주면 물이 줄줄 밑으로 다 샌다. 하지만 그렇다고 전혀 의미가 없는 것이 아니다. 콩나물은 새어나가는 물을 흡수하고 매일 자라게 된다.

영어 공부에 좀 더 장기간의 목표를 세우자. 매일 재미를 느끼며 지속해서 할 수 있는 방법을 찾자. 해도 해도 안되는 영어가 되는 길은 분명히 있다.

'단기간 완성'에 더 이상 속지 마라

우리나라는 라면 공화국이다. 라면의 종류가 정말 셀 수 없이 많다. 우리나라에서 라면이 성공한 데는 여러 가지 이유가 있겠지만, 1순위로 꼽자면 시간이 얼마 들지 않기 때문일 것이다. 물을 끓이고 2~3분이면 맛있는 라면을 먹을 수 있다. 우리나라 사람들은 인스턴트 라면처럼 이렇게 빨리 완성이 되는 것에 익숙하다. 빠른 것을 좋아한다. 그리고 느리면 답답하고 짜증을 낸다.

우리나라의 인터넷 시스템은 우리의 일상생활을 정말 빠르게 만들었다. 음식 주문, 쇼핑 주문, 장소 예약, 교통 예약 등 모든 생활면에서 빠른 것을 추구하게 되었다. 사람 사귀는 것도 빨라지고 헤어짐도 빨라졌다.

거의 모든 광고에 시간을 절약해준다는 내용이 들어 있다. 시간은 곧 돈이다. 그래서 돈을 절약해준다는 내용이다. 그런 광고들이 쏟아져 나온다. “무엇을 먹으면 빨리 살을 뺄 수 있다”, “무엇을 하면 빨리 건강해질 수 있다”, “어떤 것을 하면 빨리 부자가 될 수 있다”라는 등의 광고로 사람들이 물건이나 서비스를 사게 만든다.

영어 분야에서도 마찬가지다. “○○교재를 사용하면 90일 안에 영어를 정복할 수 있다”, “500단어만 알아도 영어 회화 다 끝낼 수 있다”, “하루 한 문장으로 영어 마스터한다”라는 등의 광고가 난무한다. 출판사나 사업자의 입장에서는 영어를 잘하기를 원하는 고객들에게 조금이라도 짧은 시간에 영어에 대한 효과를 볼 수 있도록 자극적인 문구의 광고를 사용해야 할 것이다. 물론 고객들에게 영어가 빨리 될 수 있도록 돕고 싶은 마음도 있겠지만, 수익적인 면이 더 클 것이다. 그러니 영어를 공부하는 학생이나 독자들은 너무 광고 문구만 믿고 영어의 바다에 빠져서는 안 된다.

30일 안에, 90일 안에 원어민 수준의 영어 천재가 될 수는 없다. 아무리 선천적으로 타고난 어학 감각이 있더라도 직장인이 그 짧은 시간에 외국어를 모국어처럼 사용하게 되기란 거의 불가능하다. 그저 꾸준히 할 수밖에 없다.

3개월 안에 영어를 끝내겠다고 목표를 세우고 결심하며 실천하자. 그럼, 3개월이 지나고 나면 또 다른 높은 산이 기다리고 있을 것이다. 등

산할 때 저 멀리 보이는 산의 정상만 다다르면 산을 정복할 줄 알았는데, 보이지 않던 또 다른 더 높은 봉우리가 눈에 펼쳐지는 것이다. 그럴 때 우리에게는 기본적인 체력과 도전 의식이 필요하다. 그냥 하산할 것인지, 아니면 더 높은 산을 정복하기 위해서 계속 올라갈 것인지 결정을 해야 한다.

영어도 우리가 어떤 목표를 갖고 있느냐에 따라서 장기전으로 갈 것인지, 단기전으로 갈 것인지가 결정된다. 동시 통역을 할 수 있는 높은 수준의 영어 전문가가 되려면 그만큼 시간과 정성을 들여야 할 것이다.

그러나 일반 직장인들이 동시 통역원으로 일하기 위해 영어를 배우는 사람은 거의 없을 것이다. 대체로 업무 수행하는 데 지장이 없고 외국인과 의사소통을 할 수 있는 수준을 목표로 할 것이다. 그 정도 수준을 원한다면 사람마다 개인차가 있지만, 해외 체류 경험이 없는 직장인이라면 6개월에서 1년 정도만 영어에 집중적으로 시간을 투자하면 영어로 하는 의사소통에 지장이 없을 것이다.

너무 단기간 완성을 좋아하다 보면 계속 단기간 영어 상품만 계속 구매하다가 초보 단계를 벗어나지 못하게 된다. 직장인에게 '3개월 안에 영어를 완벽하게 끝마칠 수 있게 된다'면 그것만큼 희소식인 게 없다. 영어를 빨리 끝내고 내가 좋아하는 다른 것들을 할 수 있으니까. 그러나 안타깝게도 3개월 안에 영어를 끝낸 사람들은 없다.

《근데, 영화 한 편 씹어먹어 봤니?》의 신왕국 작가나 《9등급 꼴찌,

1년 만에 통역사 된 비법》의 저자인 장동완 작가도 하루 10시간 이상을 몇 개월 동안 혹독한 영어 훈련 시간을 가졌기에 본인의 영어 한계를 뛰어넘고 일반 사람들보다 영어를 잘할 수 있게 되었다. 그들이 똑똑해서 영어를 잘하게 된 것은 아니다. 그저 영어의 한계를 극복하기 위해 무던히 중단하지 않고 노력했다. 그리고 단시간에 영어를 끝내겠다고 덤비지 않았다.

직장인들이 매일 1시간을 쉬지 않고 3개월만 투자해도 기본기는 갖추게 된다. 그런데 매일 1시간을 중단하지 않고 해내기가 만만치 않다. 나도 직장인이기 때문에 "어떻게 하면 빨리 끝내고 쉴 수 없을까?" 하는 마음은 안다. 그럼에도 불구하고 쉽고 빠르게 나를 공부시켜주고 하루아침에 영어 수준을 높여주는 그런 교재나 공부 방법은 없다.

나는 바다를 좋아한다. 그리고 바다낚시 하는 것을 좋아한다. 그래서 봄과 가을철에 자주 바다를 찾는다. 물고기를 잡으러 배를 타기도 하고, 해변에서 낚싯대를 멀리 던져놓고 의자를 펴고 앉아서 물고기가 미끼를 물어주기를 오랫동안 기다리기도 한다. 그러나 물고기가 잡히는 날보다 안 잡히는 날이 훨씬 많다. 그래서 나는 내가 못 잡는 건지 안 잡히는 건지 원인을 분석하고, 다음에 갈 때는 좀 더 공부하고 준비해서 간다.

바다낚시를 같이 다니는 동료 S가 있다. 그는 갈 때마다 항상 나보다 많이 잡는다. 그리고 그 친구는 잡은 물고기로 집에 계신 어머니께 맛있게 회를 떠 드리고 매운탕도 끓여드리며 효도를 한다. 친구의 어머니는 아들에게 "낚시 또 언제 가냐?"고 보채신다고 한다. 그는 낚시를 좋아하며 스트레스도 풀지만, 물고기를 잡아야 할 이유가 또 있는 것이다.

친구 S가 낚시할 때마다 나보다 물고기를 많이 잡는 이유가 뭔지 곰곰이 생각해봤다. 일단 낚시 현장에 가면 낚시에만 집중한다. 물고기가 입질하는지 안 하는지 낚싯대의 초릿대에서 눈을 떼지 않는다. 그리고 물고기가 입질하면 바늘에 확실히 걸릴 때까지 절대 낚싯대를 들어 올리지 않는다. 그의 낚시 현장에서의 모습이다. 그리고 그는 낚시를 떠나기 전 완벽하게 준비한다. 현장에 맞는 낚싯대와 릴 등의 기본적인 낚시도구를 갖추고 낚싯줄, 바늘, 미끼, 낚시복 등 세세한 것 하나라도 놓치지 않고 준비한다. 그리고 낚시 전문가들이 어떻게 준비하고 잡는지 연구한다.

낚시도 단시간에 이루어지는 게임이 아니다. 많은 사람이 '잡지도 못하는 낚시 뭐하러 다니냐'고 하지만 낚시를 하다 보면 조금씩 실력이 늘고 1~3년 정도 하게 되면 준전문가가 된다. 그리고 낚시 현장에서는 경험할수록 그만큼 실력이 좋아진다. 집에서 유튜브로 낚시 채널을 볼 때는 나도 바로 전문가가 될 수 있는 것처럼 착각한다. 하지만 바닷가 현장에 도착하면 많은 변수가 있어서 마음먹은 만큼 잘 잡지 못한다. 수온, 바람, 파도, 기온, 바늘의 크기, 낚싯줄의 무게, 미끼의 종류 등 많은 변수가 생긴다. 낚시에 모든 게 딱 맞아떨어지는 날은 없다. 그러나 현장 경험이 많아질수록 그때그때 상황에 맞춰서 낚시할 줄 알게 된다. 그리고 즐겁게 성과를 얻을 때가 많아진다.

영어를 사용할 때도 교과서로 배운 내용이 실생활에서 그대로 쓰이는 경우는 거의 없다. 고객을 만나서 회의할 때, 여행할 때, 외국인 친구를 만나서 이야기할 때 등 상황마다 쓰는 말들이 달라지기 때문에 영어를 잘하려면 결국에는 실제 상황을 많이 맞닥뜨려봐야 한다.

낚시를 준비하는 것처럼 어떤 상황이 닥쳤을 때 영어로 어떻게 말해야 할지 준비를 많이 하는 만큼 현장에서 적절하게 구사할 수 있게 된다. 좋아하는 취미생활도 잘하려면 시간이 오래 걸린다. 영어도 취미와 마찬가지로 짧은 시간에 잘할 수 있는 것이 아니다. 여유를 가지고 토닥거리며 영어를 잘할 때까지 계속 친구로 삼으면 좋겠다.

영어,
수영 레슨처럼 단계가 있다

어려서부터 수영을 하고 싶었다. 그러나 중학교 때부터 시력이 안 좋아 30년간 안경을 썼던 탓에 수영을 하기가 어려웠다. 일반 수영장에서 수영하려면 도수가 높은 수경이 필요했기 때문이다. 대학교 때 몇 번은 도수 있는 안경을 사서 수영을 해보려고 했으나 수영장에서 계속 수경을 끼고 있다가 벗으면 앞이 잘 보이지 않았다. 시력이 나쁘니 도수 있는 수경을 계속 쓰고 있어야만 했기에 굉장히 불편했다.

그래서 40대 중반에 큰마음을 먹고 라섹 수술을 하기로 결정했다. 그런데 병원에서는 노안 라섹이라고 양쪽 눈의 시력을 다르게 해서 수술하라는 것이었다. 안구의 수정체가 탄력이 떨어져 초점에 따라 가까이 보고 멀리 보는 기능이 떨어진 것이다. 그래서 한쪽 눈은 가까이 볼 수 있게 하고 한쪽 눈은 멀리 볼 수 있게 각막 두께를 조절하는 모노비전 수술을 하게 되었다. 레이저로 각막 절삭 수술을 하고 5일간 바깥 외출을 하지 못했다. 어두운 방 안에서 짙은 선글라스를 끼고 눈에 빛이 들어가지 못하게 수술 후 회복 기간을 거쳤다.

수술 후 안경을 안 껴도 되니 새로운 세상을 만난 것 같았다. 수영할 때 도수 있는 수경을 안 껴도 되었다. 그리고 선글라스도 내 마음대로 멋있는 것을 골라 낄 수 있게 되었다. 안경 때문에 콧잔등이 눌려 축농증이 걸린 것 같은 느낌도 이제 느낄 필요가 없게 되었다. 수영을 시작하는 데 먼저 가장 걸림돌이 되었던 눈의 시력 문제를 이렇게 해결했다.

나는 수영을 시작하기 위해 늦은 나이에도 라섹 수술을 한 것처럼 오랫동안 영어 공부를 해왔는데도 영어가 잘 안되었던 이유를 찾아보고 해결해보려고 했다. 가장 먼저 걸림돌이 되었던 것은 나의 영어 공부 방식이었다는 것을 유튜브 영상들을 보면서 조금씩 깨닫게 되었다.

나의 영어 공부는 입학, 입사, 승진을 위한 영어 시험을 위한 것이었다. 대학교와 회사가 필요로 했기 때문에 현실적으로는 필요한 공부였다. 그러나 그런 공부는 그야말로 시험을 치르기 위한 암기 공부였다. 대표적인 게 토익 공부였다. 토익 공부를 하고 나면 시험점수는 계속 올라갔으나 실제 외국인과 대화를 하기 위한 듣기, 말하기는 제대로 할 수 없었다. 그래서 이런 시험 위주의 영어 공부를 벗어나야겠다고 다짐했다.

라섹 수술을 하고 6개월 뒤에 수영 강습을 등록했다. 우선 1개월짜리 기초반부터 시작했다. 수영을 잘하지 못했기 때문에 수영장의 50m 레인을 출발해서 자유형으로 가다가 중간에 힘들어 레인을 잡고 거꾸로 매달린 적도 있었다. 그때 수영 안전요원이 옆에 있어서 다행이었다. 그 정도로 처음 수영할 때는 호흡도 안 되고 몸은 계속 가라앉고를 반복했다. 수영의 기초인 호흡과 물 위에 뜨기가 안되면 수영 자체가 될 수 없었다.

내가 수영 강습을 다녔던 스포츠센터의 수영 프로그램은 기초 3개월, 초급 4개월, 중급 4개월로 구성되었다. 상급은 6개월, 연수반은 2년 이상 수영한 사람들이 주 대상이었다. 전체 프로그램은 월요일에서 금요일까지, 주 5일 동안 매일 1시간 수영하는 기준이었다.

영어는 듣기, 읽기, 쓰기, 말하기, 문법, 어휘력 이렇게 여섯 가지의 요소로 구성되어 있다. 나는 영어를 다시 시작하면서 나의 영어에 가장 큰 걸림돌이었던 어휘력을 보강하는 데 제일 먼저 시간을 투자했다. 나이가 들면서 기억력이 조금씩 안 좋아지는 느낌이 들었다. 기억력을 좋게 하는 방법이 뭔지 고민하다 보니 해결 방법은 내가 하고자 하는 것을 반복하는 수밖에는 없다는 것을 깨달았다.

수영 하나를 배우려고 해도 자유형부터 배영, 평영, 접영 단계의 순으로 배운다. 그리고 각각의 수영 스타일에도 세부적인 기술들이 있어서 잘 배우고 익숙해지지 않으면 다음 단계로 넘어가지 못한다. 마찬가지로, 영어 어휘력의 기본이 갖춰지지 않으면 다음 단계인 듣기, 읽기, 쓰기, 말하기, 문법의 단계로 넘어갈 수 없었다. 어휘력을 보강하고 늘리려면 반복하는 방법밖에 없었다.

영화 〈매트릭스〉에 나오는 것처럼 영어 단어와 문장이 내장된 아주 작은 반도체 칩을 내 두뇌의 신경세포와 연결하는 상상을 자주 했다. 현실적으로는 불가능하지만, 미래의 어느 시점에서는 가능할 것이다. 아무튼, 내가 영어를 잘하기 위해서는 영어의 첫 단계인 어휘력부터 제대로 갖춰야 했다.

수영 강습을 할 때 수영 코치들이 공통으로 강조한 게 있었다. "평일에 1시간 수영 강습하며 배운 것을 꼭 혼자서 주말에 반복 훈련하라"는 것이었다. 그리고 "평일에 강습 시작 전, 강습 후 5~10분간이라도 혼자서 연습하는 시간을 가져라. 혼자서 하다가 잘 안 되는 부분이 있으면 수영 강사나 잘하는 사람에게 물어보고 계속 교정을 해나가라"라는 것이었다. 나는 수영 영법 중에 평영이 제일 안 되었다. 평영 중에서도 평영 발차기가 정말 안 되었다. 평영 발차기에만 돈을 들여 개인 지도를 받고 싶은 심정이었다.

영어 어휘력을 늘리기 위해 단어 하나를 들어도 r, f, v, th 발음에 집중해서 듣고 그대로 따라 하려고 노력했다. 그런 발음은 기본 중의 기본이어서 반복을 많이 하고 잘 익혀두지 않으면, 매우 고치기 어려운 습관으로 남게 된다.

어휘력에서는 양과 질이 중요했다. "100개 단어만 알면 된다", "1,000문장만 외우면 된다"라는 식의 방법은 맞을 수도 있고 틀릴 수도 있다. 적은 개수의 단어만 알면, 그 정도만 알아들을 수 있고 그 정도의 말만 할 수 있게 된다. 발음도 익숙해진 만큼만 알아들을 수 있고 발음이 된다. 그야말로 '콩 심은 데 콩 나고 팥 심은 데 팥 나는 것'이다.

나는 어휘력의 기본을 다지기 위해서 미국에서 실생활에 가장 많이 쓰인다는 10,000여 개의 단어를 95% 정도 암기가 될 정도로 반복 듣기를 했다. 그리고 원어민과 똑같이 발음하기 위해 따라 말하기를 반복했다.

단어에 익숙해지도록 훈련한 후에 암기한 단어가 포함된 9,000개 이상의 예문을 역시 반복하며 들었다. 그리고 따라 말하기를 계속 반복했다. 내가 잘하지 못했던 평영 발차기를 수천 번 한 것처럼 영어 단어와 예문을 수없이 반복해서 듣고 따라 말했다. 6개월간 하루도 거르지 않고 매일 반복했다.

수영 강사는 "평소 실력보다 한 단계 상승하기 위해서는 집중훈련의 시간이 필요하다"라고 했다. 수영 선수들도 평소 훈련보다 강도가 매우 높은 수준의 집중훈련을 할 때, 0.1초라도 기록을 단축한다는 것이었다. 나 역시 영어의 기본기가 되는 어휘력을 키울 때, 매일 반복하며 집중

훈련을 했다. 그때가 영어 실력을 한 단계 높일 수 있는 계기가 되었다.

어휘력이 밑바탕이 돼서 듣기·읽기·쓰기·말하기를 할 수 있었다.

수영할 때 단계마다 기록을 재는 시간이 있었다. 자유형·배영·평영·접영을 각각 재기도 하고 혼영 해서 할 때도 시간을 쟀다. 자신의 수영 기록을 보고 전보다 얼마나 나아졌는지, 어느 영법이 부족한지를 알 수 있었다.

나는 영어 어휘력을 키울 때도 내가 어휘력을 얼마나 이해하고 암기하는지 점검하면서 듣기와 말하기를 훈련했다. 그렇게 어휘력을 키운 뒤에는 5개월간의 원어민과의 전화 영어를 통해 실전 훈련을 할 수 있었다. 영어도 수영처럼 기본기부터 제대로 시작하고 단계를 밟아가야 하는 것을 알게 되었다.

절실함 없이 되는 건 없다

10년 전 과장 시절, MBA 과정에 입학해 공부했다. 기업 경영에 필요한 여러 가지 과목과 사례를 배웠는데, 그중에 경제학을 배우는 시간이 있었다. 하버드대의 경제학과 석좌교수인 맨큐는 경제학의 10대 기본 원리를 정의했다.

기본 원리 1 모든 선택에는 대가가 있다.

기본 원리 2 선택의 대가는 그것을 얻기 위해 포기한 그 무엇이다.

기본 원리 3 합리적 판단은 한계적으로 이루어진다.

기본 원리 4 사람들은 경제적 유인에 반응한다.

기본 원리 5 자유 거래는 모든 사람을 이롭게 한다.

기본 원리 6 시장이 경제 활동을 조직하는 좋은 수단이다.

기본 원리 7 경우에 따라 정부가 시장 성과를 개선할 수 있다.

기본 원리 8 한 나라의 생활 수준은 그 나라의 생산 능력에 달려 있다.

기본 원리 9 통화량이 지나치게 증가하면 물가는 상승한다.

기본 원리 10 단기적으로 인플레이션과 실업 사이에 상충관계가 있다.

기본 원리 1과 같이 세상에는 공짜가 없다는 것이 첫 번째 경제 원리다. 그리고 기본 원리 2와 같이 내가 뭔가를 선택하면 다른 무언가는 포기해야 한다. 이를 영어 공부에 비유하자면, 내가 영어를 잘하기 원하면 그만큼의 대가를 치러야 한다는 것이다. 공짜로 잘할 수는 없다는 것이다. 그리고 내가 영어 공부를 하기로 마음먹었다면 다른 무언가는 포기를 해야 한다는 것이다. 내게 주어진 시간은 한정되어 있으므로 동시에 여러 가지를 할 수가 없다. 하고 싶은 것 다 하면 좋겠지만 우리의 몸과 정신은 하나다. 그렇기 때문에 한 가지만 잘하기도 벅찰 때가 많다.

나는 영어를 잘하기로 선택하고 집에 TV를 없앴다. 거실에 있는 TV를 없애니 소파에 누워서 온종일 TV를 보는 습관을 고칠 수 있었다. 가끔 가족들이 거실 소파에 둘러앉아 좋아하는 드라마를 보며 눈물도 흘리고 웃기도 하는 시간이 그립기도 했지만, 영어를 잘하기 위해서는 생산성이 없는 시간을 없애지 않으면 안 되었다.

회사를 휴직하고 해외 어학연수를 가고 싶기도 했지만 그럴 형편이 안되기 때문에 직장 생활을 하며 영어를 잘할 수 있는 방법을 생각했다. 돈이 들더라도 효율적으로 쓰면서 잘할 수 있는 방법들을 찾으려고 애썼다. 그러나 무턱대고 많은 경비를 들이는 것도 문제이기 때문에 영어 공부에도 가성비를 따졌다.

요즘 10주 어학 합숙 교육을 운영하는 회사들이 많은데, 그 10주 어학 합숙 교육을 마치면 보통 한 등급 정도가 올라간다. 10주 합숙 공부에 들어가는 시간을 따지면 잠자고 먹는 시간을 빼고 하루 평균 10시간은 공부하는 셈이다. 이를 10주로 환산하면 70일 동안 대략 총 700시간을 공부한다. 그럼 영어에 어느 정도 기본기가 되어 있는 사람이 해외로 가서 업무를 보는 데 지장이 없는 정도가 된다.

나는 직장 생활을 하면서 어떻게 영어 공부에 700시간을 확보하고 효율적으로 공부할 수 있을지를 고민했다. 그리고 영어 공부 후에는 해외에서도 영어로 업무를 보는 데 문제가 없는 수준이 될 수 있을지 고민했다. 그동안 해왔던 단순히 시험을 본 후 잊어버리고 영어의 듣고 말하기가 안되는 악순환에서 탈피할 수 있을지 고민했다.

《10미터만 더 뛰어봐!》의 저자인 김영식 천호식품 전 회장은 하는 것마다 안되는 사람들의 간절함에 대해서 이렇게 얘기한다.

"사람들은 너무 쉽게 포기한다. 포기가 습관화되었기 때문이다. 작은 장애물에도 금방 포기를 생각한다. 처음에 시작했던 간절함은 어느새 사라지고, 지금, 이 순간 포기할 수밖에 없는 이유를 찾아 포기를 합리화한다. 간절함이 없어서다. 간절함이 없어서 작은 장애에도 쉽게 포기하고 마는 것이다. 그런데 무서운 사실 하나, 포기도 습관이 된다는 것이다. 한번 포기가 어렵지, 그 이후부터는 쉬워진다. 포기할 수밖에 없는 이유도 그럴싸하게 잘 포장한다. 포기가 습관화되면 다시 습관을 바꾸는 데는 오랜 시간이 걸린다. 장애가 생겼을 때 포기를 생각하기보다는 어떻게든 이 상황을 이겨낼, 혹은 버틸 것을 먼저 생각해보길 바란다."

영어 공부에도 간절함, 절실함의 크기에 따라서 달성되는 정도의 크기도 달라진다. 영어를 잘하고 싶은 마음이 클수록 거기에 쏟는 열정, 시간, 비용은 커진다. 그래서 잘하게 되는 수준이 높아진다.

나는 3년 전, "퇴직하기 전에 영어 하나는 끝내놓자"라고 마음을 먹고 영어를 다시 시작했다. 시작할 때 간절한 마음이 있었다. 직장 생활을 열심히 한다고 했지만, 나에게 남는 것이 무엇인지 고민하게 되었다. 회사 내에서 내가 경험하고 배운 것들로 퇴직 후에 사회에서 전문가로 인정받을 수 있을 것 같지 않았다. 회사를 퇴직하게 되면 나에게는 아무것도 남을 게 없을 것 같았다. 회사 내에서 배우고 경험한 것들은 회사의 자산이지, 내 자산이 아니라는 생각이 들었다.

온전히 나의 것으로 만들 수 있는 것들이 무엇인지 고민하다 보니 영어가 제일 먼저 떠올랐다. 나는 그동안 회사 생활을 하며 아주 완벽히 잘하지는 못했지만 내 손에서 영어를 놓지는 않았다. 그리고 그동안 내가 영어에서 잘하지 못했던 것, 이번에는 제대로 한번 해보자는 마음이 점점 커졌다.

절실함은 배우고자 하는 의지로 연결되었다. 40대 중반에 다시 시작하는 영어였지만, 마음은 20대의 열정으로 타올랐다. 체력도 중요한 문제였기 때문에 영어 공부를 집중해서 하기 위해 수영 강습도 같이 시작했다. 확실히 수영은 내 생활에 활력을 불어넣어 주었고, 좀 더 강한 정신력의 바탕이 되었다.

정신력과 체력은 정비례한다고 생각한다. 둘 중의 하나라도 부족하면 무언가를 끝까지 달성하지 못하고 중도에 포기하기 쉽다. 월드컵 국가대표 축구팀 역시 외국팀과의 축구전에서 전후반 90분을 뛰고 연장전까지 가게 되면 체력이 바닥난다. 그때 필요한 것이 정신력이다. 축구 중계 아나운서들이 항상 하는 얘기가 정신력이 문제라고 지적한다. 군인들은 전쟁터로 나가기 전, 전의를 불태우는 의식행사를 한다. 반드시 승리한다는 의식이 없으면 전쟁에서 패배할 확률이 높기 때문이다. 전쟁에서는 승리 아니면 죽음이다.

나는 40대 중반에 영어를 잘하기 위해 2~3년을 매일 업무 전후 시간을 영어에 집중했다. 절실한 마음으로 하다 보니 내가 하루를 보내는 시간 대부분이 일 아니면 영어였다. 그렇게 하지 않으면 내가 원하는 수준의 영어를 할 수가 없었다. 3년 전에 간절한 마음으로 시작하지 않았다면, 나는 아직도 영어의 바다에서 표류하고 있을 것이다. 이제는 예전같이 영어로 스트레스를 받지 않는다. 영어가 재미있다.

절실함 없이 되는 것은 없다.

흔들리지 마라,
늦은 때는 없다

"문 차장, 예전에 봤던 영화 제목이 뭐였더라? 이병헌이 주연했던 거."

"김 과장, 영화 〈타이타닉〉에 나왔던 주연 배우 남자, 여자 이름이 뭐였더라?"

"최 대리, 전에 우리 회사에 방문했던 그 회사 대표 이름이 뭐였지?"

이렇게 영화를 봤거나 사람을 만났는데, 이름이 잘 기억나지 않을 때가 있다.

기억력이란, 과연 나이가 들면 안 좋아지는 걸까? 우선 나이가 들면 기억해야 할 것들이 점점 많아진다. 굳이 기억하지 않아도 되는 일이나 기억하고 싶지 않은 일도 뇌 속에 저장하게 된다. 그러다 보니 점점 뇌

속의 저장 공간이 꽉 차게 되어 사람 이름도 잘 생각나지 않게 된다. 어떤 날은 아침에 먹은 음식이 저녁에 생각나지 않을 때도 있다.

영어 공부를 하면서 고민했던 것 중의 하나가 기억력 문제였다. 단어 하나를 외워도 '어떻게 하면 빨리 외우고 오랫동안 잊어버리지 않고 기억해낼 수 있을까'였다. 중·고등학교 때 영어 단어를 외우려고 공책에 한 개의 단어를 백 번씩 손으로 써가며 외우기도 했다. 그런데 그렇게 한다고 해서 오랫동안 기억할 수 있는 게 아니었다. 영어를 평소에 쓰지 않다 보니 공부했던 단어나 문장은 금방 잊어버렸다. '내가 머리가 안 좋아서 기억력이 안 좋은 건가?', '내가 나이가 들어가면서 기억력이 안 좋아지나 보다.' 이런 생각도 들 때가 많았다.

그러나 기억력에 관한 사례들을 찾아보고 경험하면서 중요한 것은 '반복'이라는 것을 알게 되었다. 그러면 반복을 얼마나 해야 평생 잊어버리지 않을 수 있을까?

반복을 많이 하면 할수록 장기 기억으로 넘어가고 반복이 많지 않은 것은 단기 기억으로 넘어간다는 얘기를 들었다. 그리고 나이가 들어도 무언가를 반복한다면 기억은 유지된다는 것이다.

희소식이었다. 내가 기억력이 안 좋다고 느꼈던 건 내가 그만큼 반복하지 않았기 때문이라는 것을 알게 되었다. 사람 이름도 그만큼 그 사람의 이름을 많이 안 불러봤기 때문에 기억을 잘하지 못했다. 영화도 반복해서 보지 않아서 영화 배우의 이름을 기억하지 못한 것이다.

영어 단어를 공부하고도 기억하지 못하는 것은 그만큼 반복해서 암기하거나 활용하지 않은 탓이었다. 한국말도 안 쓰는 단어나 문장은 기억이 잘 나지 않는다. 하물며 토종 한국 사람인 내가 쓰지도 않는 영어를 조금 공부했다고 해서 단어, 문장을 잘 기억해내지 못하는 것은 당연했다.

기억력을 좋게 하기 위해서는 반복해서 들어보고 써보고 만져보고 느껴봐야 한다. 아무리 젊어도 10,000개가 넘는 영어 단어와 9,000개가 넘는 영어 문장을 외워서 기억하는 건 어렵다. 나이의 문제가 아니다. 나는 계속 반복해서 듣고 그대로 따라서 발음하고 말하는 연습을 하니 기억이 되는 경험을 하게 되었다. 아무리 나이가 들어도 기억을 잘하려면 반복하면 되는 것이었다. 반복을 많이 하면 할수록 기억이 오래 지속되었다.

얼마 전 방송에서 시니어 몸짱 85세 할아버지와 77세 할머니의 이야기를 보았다. 85세 할아버지는 60세에 학교 선생님을 정년퇴직하며 운동을 시작했고, 20년 넘게 해왔다는 것이다. 그리고 현재는 자신의 집 지하실에 체육관까지 차렸다. 몸에 붙은 근육은 20~30대의 젊은이들 못지않았다. 보디빌더 대회에도 여러 차례 나갔다고 한다.

77세 할머니도 허리가 안 좋아 시작한 운동이 이제는 머슬퀸 대회에

도전할 정도로 근육이 아주 탄탄했다. "근육엔 나이가 없다"라고 주장하는 그분들의 노력에 감탄하지 않을 수 없었다.

나도 늦은 나이에 영어를 시작했다고 생각했는데, 40대에 시작하는 영어는 전혀 문제가 되는 것이 아니었다. 열정과 노력이 있다면, 나이는 아무 문제가 되지 않는다.

100세까지 살아야 하는 시대에 뭔가를 시도하지 않는 것이 문제다. 시도해서 목표를 달성하지 못한 것은 중도에 그만둬서 그런 것이다. 목표에 도달하는 사람은 나이가 어떻든 간에 도달할 때까지 노력했기 때문이다.

영어 공부를 다시 시작하면서 내가 주변에서 많이 듣던 말이 있다.

"조금 있으면 쉰에 가까워지는데, 영어 공부해서 뭐 하려고 하냐?"

"요즘 20대 영어 잘하는 애들 많은데, 그 친구들과 경쟁하면 이길 수 있겠냐?"

"쓸데없이 시간 낭비하지 말고 운동이나 하고 아프지 않게 건강이나 챙겨라."

한마디로, 기를 북돋아주는 사람들보다 기를 죽이는 사람들이 더 많았다. 드림 킬러(Dream Killer)였다. 나의 꿈을 죽이는 사람들이었다.

나는 영어를 잘하면 할 수 있게 되는 일들이 많아서 하는 거였다. 그리고 좀 더 멋있게 행복하게 살고 싶어서 영어를 잘하고 싶은 거였다.

그런 나의 꿈에 대해서 주변에서는 인정해주지 않았다. "그냥 살던 대로 살아라"라는 말은 살아 있어도 죽은 느낌을 주게 하는 그런 말들이었다. 그런 말을 들을수록 20대의 젊은 친구들이 하는 영어 공부와 별 차이가 없다는 것을 보여주겠다는 생각에 더 열심히 영어 공부에 매진했다.

나는 20대의 젊은 친구들이 많이 듣는 영어 수업에 참여했다. 나이 든 사람들만 참여하는 그런 수업은 듣지 않았다. 수업에 들어가면 질문도 더 많이 하고 대답도 더 많이 하려고 노력했다. 그들은 나를 나이가 많다고 보지 않았다. 나이가 많은 연장자이지만 오히려 학습 분위기를 더 좋게 하는 열정적인 모습이 좋다고 했다. 나도 영어 공부를 하며 젊어지는 느낌이 많이 들었다. '영어 공부 외에도 평생 뭔가를 배우는 것을 멈추지 말자'라고 생각했다.

한편으로는 정작 내가 진정한 드림 킬러라는 사실도 발견했다. 내가 나에 대해 방해를 가장 많이 하는 존재였다. 잘하는 부분도 있었겠지만, 나와의 약속을 스스로 어기고 행동한 적도 많다. 잘되고 잘할 때는 주위에 으스대며 뽐내고 다녔다. 그러나 내가 목표했던 게 안 이루어지고 다른 사람에게 욕이라도 먹으면 굉장히 움츠러들고 나 자신을 아주 소심한 존재로 여겼다.

"네가 그러면 그렇지, 별 볼 일 없는 존재 아니야?"

"너는 아무리 노력해도 현재보다 더 나아질 수 없어."

"네 나이를 생각해라. 지금 시작해서 뭐가 되겠어?"

"그냥 편하게 잠도 더 자고 지내면 되지 뭐하러 생고생을 하고 그러냐?"

"다른 사람이 너를 욕하면 너도 다른 사람에게 똑같이 욕하며 살아!"

이런 나의 내면의 드림 킬러들과의 싸움도 만만치 않았다.

초등학교 6학년 때 국어 선생님의 말씀이 생각난다.

"내가 나를 사랑하면 남도 나를 사랑한다."

나의 내면에 존재하는 드림 킬러를 없애려면 내가 먼저 나를 사랑하고 어루만져주는 것이 필요했다. 이런 마음을 간직할 때, 나에게 '늦은 때'는 없었다. 그리고 뭔가를 실행할 때 흔들림 없이 전진해나갈 수 있었다.

영어에 마침표를 찍자

나는 한국말을 언제까지 배웠을까? 중학교 때까지 배웠던 것 같다. 초등학교까지 배웠던 한국어로도 한국에서 일상생활을 하는 데 지장이 없었지만, 중학교 국어 시간에 국어 문법을 포함해서 좀 더 어려운 단어들을 배웠다. 사회생활을 위한 비즈니스에 관련된 단어나 문장들은 따로 배우면 된다.

그러면, 우리는 언제까지 영어를 배워야 할까? 사람마다 지향하는 바가 달라서 목표를 어디까지라고 정하기는 어렵다. 그러나 한국 사람이 한국에서 일상 생활하는 데 지장이 없을 정도의 한국어를 구사하는 것처럼, 해외에서 영어로 생활하는 데는 미국의 중학교 정도 영어면 되지 않을까?

그럼 미국의 중학생 정도 수준의 영어를 하려면 어떻게 해야 할까? 지금까지 해왔던 문법을 중심으로 공부해서는 초등학생 영어도 구사하기 어렵다. 어휘를 중심으로 단어와 단어를 연결하고 문장을 구성해서 말하고 자연스럽게 문법을 체득하는 방법으로 바꿔서 공부해야 한다. 오랫동안 유지해온 한국식 문법 중심 영어 공부 방법으로는 영어에 마침표를 찍을 수가 없다.

영어 교육 전문업체인 '우공이산연구소'는 직장인으로서 영어가 될 수 있는 공부 기간을 '기초가 있다면 6개월, 기초가 없다면 1년' 정도로 제시한다. 기초가 없는 사람에게 1년이란 기간은 짧을 수도 있고, 길 수도 있다. 하지만 지나고 보면 결코 긴 시간이 아니다.

우리가 어떤 도시를 처음 여행할 때 가는 시간이 굉장히 오래 걸린다고 느껴질 때가 있다. 그러나 몇 번 왕래하다 보면 가깝게 느껴진다. 영어라는 새로운 도시를 방문할 때도 처음에는 먼 거리로 느껴질 것이다. 그러나 몇 번 경험하다 보면 점점 친숙해지는 것을 경험할 수 있다.

이제는 영어 하나에 몇 년씩 걸려서 시간과 경비를 투자할 필요가 없다. 기초가 없으면 최대 1년 정도의 기간을 잡고 미국인과 1시간 이상의 영어 대화 가능 수준을 목표로 해서 영어를 마무리할 수 있다.

직장인이 영어가 안되는 이유에는 여러 가지가 있다. 그중 가장 큰 이유는 목표를 달성하기까지 지속해서 실행하지 못한다는 데 있다.

나는 3년 전, 어느 영어 업체에서 주관하는 영어 검증단에 지원해서 영어 공부를 한 적이 있다. 최소 3~6개월을 목표로 10,000개 이상의 단어와 9,000개 이상의 문장을 암기하고 그 어휘들을 사용해서 말하기를 구사하는 것을 목표로 하는 프로젝트였다. 당시 약 200명 넘게 그 프로젝트에 지원하고 공부를 시작했다. 사람마다 수준이 다르고 영어를 공부할 수 있는 환경이 달라서 똑같은 교재로 공부를 시작했지만, 각자의 목표 달성 소요 예상 시간은 달랐다.

그러나 문제는 소요 예상 시간이 아니었다. 매일 매일 영어를 꾸준히 지속하느냐 하지 못하느냐의 문제가 가장 컸다. 직장인이기에 가정생활, 육아, 여행, 취미, 운동, 청소, 경조사 등 예상하지 못한 일이 많았다. 지원자들 대부분이 매일 꾸준히 영어 공부에 목표한 시간량을 채우지 못했다.

영어 검증단에 지원해 시작한 사람들이 3개월이 지나고 나니 200명 중에 반으로 줄었다. 6개월 정도 지나고 나니 200명으로 시작한 영어 공부 지원자들이 10명도 채 남지 않았다. 매일 2~3시간 영어 공부를 목표로 시작한 사람 중 최종으로 남은 사람은 5%도 되지 않았다. 그만큼 뭔가를 3~6개월간 지속해서 한다는 것이 쉽지 않다는 방증이다. 하물며 1년 동안 매일 같이 뭔가를 지속하는 것은 더 어려울 것이다. 그러니 1년 이상 지속하는 사람은 전문가가 될 수 있는 확률이 높다.

나는 그런 특별한 경험을 통해서 지속하는 힘이 얼마나 큰지를 깨달았다. 한 가지 목표를 수립하고 달성할 때까지 지속해서 하면 목표를 이루고, 중간에 중단하면 그걸로 끝이라는 것을…. 그러면 처음부터 다시 시작해야 한다는 것을…. 내가 영어 검증단에서 느낀 경험은 비단 영어만의 문제가 아니었다. 어떤 분야에서건 6개월에서 1년 정도를 매일 지속해서 실행하면 최소 준전문가가 될 수 있다. 그만큼 지속의 힘은 크다.

6개월 동안 영어 검증단으로 활동하면서 영어를 말할 때의 내 발음, 악센트, 억양이 바뀌었다. 아무 생각 없이 계속 단어와 문장을 수없이 반복해서 들었다. 그리고 원어민 발음을 그대로 따라서 말하려고 했다. 그러다 보니 자연스럽게 콩글리시 발음을 벗어나게 되었다. 9,000개 이상의 예문 영어 문장들이 귀에 쏙쏙 들어왔다.

대학교 때까지만 해도 시험을 보려고 하면 한 권의 책을 세 번 정도 반복해서 보는 것도 힘에 겨웠다. 그런데 영어 검증단 활동에 참여하면서 1,100페이지의 교재를 50번 이상 반복해서 듣고 말하기를 했으니 나로서는 미친 짓이었다.

그러나 그런 인고의 시간을 견뎌내고 나니 외국인과 대화를 하게 됐을 때 웬만한 말들은 알아듣게 되었다. 물론 특수한 법률, 과학, 의학, 심리학 같은 용어는 아직도 알아듣기 쉽지 않다. 그러나 일반적인 영어를 활용해야 하는 비즈니스를 위한 의사소통은 문제 없게 되었다.

직장인이 영어를 잘하게 되기 위해서는 매일 목표를 수립하고 점검해야 한다. 6개월에서 1년 이상 목표 기간을 잡더라도 다시 한 달, 일주일, 하루, 1시간, 이렇게 시간을 점점 좁혀가며 매시간의 계획을 짜고 실행했는지 점검해나가야 한다. 그렇지 않으면 우선순위에 밀리게 된다. 해야 할 1시간 공부가 2시간이 되고, 6개월이 1년 되고, 1년이 2년 되는 것이다.

집중해서 해야 할 때 하고 끝마쳐야 한다. 그리고 그럴 때 실력이 확 오른다. 공부는 할 수 있을 때, 하고 싶을 때 하고 끝마쳐야 한다. 아침에 하기로 마음먹었는데 못하면 저녁이 돼도 못 하게 될 확률이 높다. 저녁이 되면 예상하지 못한 일이 또 발생하기 때문이다.

'다음에 하지 뭐', '내일 하지 뭐'라는 생각에 질질 끌면 직장 생활도 피곤해진다. 끊고 맺는 게 확실해야 성과도 확실하게 나온다.

영어를 하고 나니 다른 언어에도 욕심이 났다. 그렇게 나는 6개월 전부터 중국어도 공부하게 되었다. 영어를 몰입해서 공부하고 나니 중국어 공부가 어렵지 않게 느껴졌다. 발음과 문자 형태가 다르다 뿐이지, 중국어도 영어 공부한 것처럼 하면 되겠다는 자신감이 들었다.

중국어를 처음부터 시작하는 것이어서 시간이 얼마나 걸릴지는 해봐야 알겠지만, 영어 공부를 했던 정도 걸리지 않을까 예상한다. 한 가지를 제대로 해보고 나니 다른 동종의 일은 쉽게 느껴진다. 영어와 중국어 두 가지를 다 잘할 수 있게 되면 세상을 더 넓게 살게 된다. 그런 상상을 하며 중국어 공부를 할 때 기분이 흐뭇해진다. 입가에 미소가 지어진다.

영어에 마침표를 찍자. 당신도 할 수 있다. 마음을 먹었으면 될 때까지 끝까지 실행하면 된다. 영어를 잘한다는 토종 한국인을 보면 모두 처음부터 잘한 사람이 아니었다. 그들은 목표를 잡고 꾸준히 될 때까지 계속 반복했다. 발음과 억양이 틀리면 발음해보고 또다시 듣고를 무수히 반복했다.그렇게 그들은 자신감이 붙고 더 높은 목표를 향해 달려갔다.

영어에 마침표를 찍으면 입사, 승격, 해외 출장, 학위 취득, 해외 자유여행 등 재미있고 즐거운 일들이 많이 생긴다. 당신에게도 그런 행복한 순간들이 반드시 찾아올 것이다.

PART 03

인생을 바꾸는 영어 공부 7원칙

영어 공부도 기획과 전략이 중요하다

기업에서는 매년 3년 뒤, 5년 뒤의 중장기 전략을 수립한다. 회사 경영을 위해서 앞으로 생산해야 할 제품에 대해서 수요가 얼마나 될지 예상하고, 제품의 소비자 동향도 조사한다. 차별화된 제품 개발을 위해서 어떻게 해야 할지 검토한다. 제조를 위한 설비 개발 투자는 얼마나 해야 할지 검토한다. 그리고 인력은 얼마나 필요한지, 투자 금액은 얼마나 필요한지 산출한다. 그리고 매년, 다음 해의 1년 동안 회사를 경영하기 위해 중장기 전략과 마찬가지로 부문별로 경영 계획을 수립한다.

회사 경영의 나침반과 같은 경영 전략과 경영 계획을 수립하지 않으면, 각 조직의 목표를 세울 수 없고 각 개인의 업무 목표를 수립할 수가 없다.

영어 공부에서도 1년 단위의 학습을 할 때 계획이 제대로 수립되지 않으면, 1년이란 긴 시간을 성과 없이 그냥 보내게 된다. '언제', '어디서', '어떻게', '누구에게' 또는 '누구'와 '왜' 영어 공부를 할지, 그리고 영어 공부를 하고 나면 '무엇'을 할지도 염두에 두고 공부하면 훨씬 효과적이고 효율적으로 공부할 수 있게 된다.

아침에 공부할지 저녁에 공부할지, 집에서 공부할지 도서관이나 카페를 갈지, 학원에 다닐지 인터넷 강의를 들을지 아니면 독학을 할지, 원어민에게 배울지, 한국인 강사에게 배울지, 아니면 잘하는 동료에게 배울지, 어느 정도 수준이 되기 위해 어느 정도의 기간에 공부할지 등을 고민하고 계획을 수립하면 그대로 실행해야 한다. 잘하는 사람의 비결, 노하우 등도 틈틈이 배우고 자신에게 적용할 수 있는 부분을 찾아서 그대로 따라 하는 것이 좋다.

1년 정도의 학습 계획을 수립할 때, 영어의 기본기인 어휘력부터 갖춰야 한다. 집짓기로 따지면 바닥 기초 공사와 기둥과 같은 뼈대를 세우는 일이다. 어휘력이 갖춰지지 않으면 다음 단계로 나아갈 수가 없다. 기본기가 모자란 상태에서 바로 원어민과 자유토론으로 넘어간다든지 하면 다시 처음부터 어휘력 공부를 해야 하니 시간이 더 걸리게 된다.

어휘력을 다지는 것도 미국 현지에서 쓰이는 단어와 문장들을 공부하고 발음, 악센트 등을 자신이 똑같이 따라 할 수 있는 수준을 목표로 훈련해야 한다. 영화로 공부하든 애니메이션으로 공부하든 연설문을 공부하든 기본적으로 어휘력이 뒷받침되어야 할 수 있다. 그리고 중요한 건 1년 안에 영어를 끝마치겠다는 목표에 대한 의지와 실천력이다.

과거에 우리가 단어를 배울 때는 영어 단어 한 개에 뜻이 여러 개가 있는 경우, 통째로 여러 뜻을 외우려고 했다. 그러나 그런 암기법은 한 개 단어의 대표 뜻만 외우게 되는 매우 어리석은 공부가 된다.

예를 들면, 'fine'이란 단어에는 여러 가지 뜻이 있다. 그러나 '좋은'이란 뜻만 기억하니 다른 뜻으로 쓰이는 경우를 들으면 이해가 안되는 것이다.

이제는 되는 방법으로 공부 계획을 수립하고 훈련해야 한다. 중·고등학교, 대학교에 다니는 동안 10년을 공부했어도 안 됐던 공부 방법을 또 그대로 답습하게 되면 5년, 10년의 세월이 금방 흘러가게 된다.

어휘력의 기본기를 갖추면서 동시에 영어의 듣기 실력을 함께 올리는 계획이 필요하다. 어휘 따로, 듣기 따로 학습하는 게 아니라 어휘력을 공부하면서 동시에 듣기 향상이 되고 귀가 뚫리는 경험을 해야 한다.

어휘를 최소 30번 이상 듣고 따라 말하기를 해야 한다. A부터 Z까지 단어가 있다고 하면, A라는 단어를 한 번에 30번 듣는 게 아니라 A부터 Z까지 1회, 2회, 3회…. 30회 이런 식으로 전체를 반복하며 듣고 따라 말하기를 하자. 뇌에 장기 기억과 단기 기억을 동시에 훈련하는 것이다. 문장 반복 훈련도 마찬가지로 A 문장부터 Z 문장까지 있다고 하면 A 문장만 30번 반복하는 게 아니라, A 문장부터 Z 문장까지 전체적으로 반복해서 듣고 따라 말하기 훈련을 해야 한다. 아주 사소한 부분인 것 같지만, 전체적인 장단기 기억에서 큰 차이를 보이게 된다.

말하기 학습 계획은 실제 원어민들이 대화하는 내용으로 훈련 계획을 수립하는 것이 가장 좋다. 외국인들이 하는 말을 잘 알아듣지 못하는 이유는 우리가 음성이나 문장들이 굉장히 정제되고 깔끔하게 발음 처리된 것들로 공부하다 보니 알아듣지 못하는 것이다.

정제되지 않은 원어민 회화 그대로인 교재나 방법으로 말하기 훈련을 하고 나면, 그 후에는 전화 영어나 실제 원어민을 만나 말하기의 마무리 훈련 계획을 수립한다.

말하기 훈련을 할 때 자신이 하고자 하는 말이나 이야깃거리를 미리 구상한다. 그리고 혼자 또는 강사, 원어민과의 영어 말하기 계획을 수립하고 실행한다. 듣기와 말하기 계획 수립에서 과거에 잘못된 학습 방법을 답습하지 말고, 과거와는 차별화된 되는 방법을 찾고 학습을 해야 한다. 듣기와 말하기를 중심으로 구분해 학습과 훈련 계획을 수립하는 것이 중요하다.

'학습(學習)'은 '학(學)'과 '습(習)'이 만나 이루어진 단어다. '학'은 선생님이나 코치로부터 배우는 것이고 '습'은 나 혼자서 또는 단체로 연습이나 훈련하는 것을 뜻한다. 그러면 배울 때 누구로부터 배우는 것이 가장 좋을까? 최고의 코칭을 하는 사람과 최고의 교재로 배워야 혼자서 훈련하더라도 효과가 있다.

과연 한국말을 할 줄 모르는 미국이나 캐나다 원어민이 영어를 잘 가르친다고 할 수 있을까? 그들은 그냥 미국과 캐나다에서 태어났기 때문에 영어를 잘하게 된 것이다. 마치 한국 사람이 한국에서 태어나고 생활했기 때문에 한국어를 잘하게 된 것과 같은 것이다.

외국인으로서 모국어가 아닌, 외국어를 잘하게 된 사람의 훈련 방법이나 경험이 많은 사람으로부터 코칭을 받는 것이 제일 빠르다. 원어민처럼 100% 영어를 잘하지 못해도 원어민과 의사소통에 문제없는 코칭을 잘하는 코치로부터 배워야 한다. 선생님에게 배우는 게 아니라 코치에게 배우는 것이다.

선생님에게는 이론적인 내용이나 사례를 책으로 배운다. 그러나 코치에게 배우는 것은 훈련 방법, 매뉴얼이다. 배우고 그대로 따라 하면 현 수준과 목표의 차이를 없앨 수 있다. 코치는 목표에 도달할 수 있는 기술과 기능을 향상시키는 훈련을 하게 하는 사람이다.

우리는 지금까지 문법 중심으로 영어 선생님에게 영어 이론을 많이 배웠다. 그러나 이제는 영어가 되게 하는 훈련법으로 코칭받고 훈련해야 할 시대가 되었다. 그래서 되는 영어를 코칭해줄 수 있는 코치를 만나야 한다.

나는 지금 내 조직에서도 영어를 어떻게 하면 잘하게 되는지 컨설팅을 하고 있다. 한 명, 한 명 말하는 것을 녹화하고 잘 안되는 부분을 피드백해준다. 외국인과 미팅을 하거나 영어로 프레젠테이션할 때, 잘할 수 있는 방법을 알려주고 훈련할 수 있도록 해주는 코치가 우리에게는 필요하다.

영어 공부도 이제는 기획과 전략을 잘 짜서 나에게 주어진 황금 같은 시간을 잘 활용해야 한다. 1시간을 학습하더라도 효과적이고 효율적인 방법으로 배워야 한다. 혼자서 하는 훈련 방법도 중요하다. 배우고 나서 결국은 혼자만의 시간을 통해서 배운 것을 잘 익히고 나의 것으로 만들어야 하기 때문이다.

영어에 대한 편견부터 버려라

10년 전, 나는 대학원 공부를 위해 미국 LA에 2주간 머무르게 되었다. 40년 만에 LA에 살고 계시는 사촌 누님을 만날 수 있게 되었다. 사촌 누님은 매형과 함께 40년 전에 갓난아기들을 데리고 미국으로 이민을 간 것이었다.

매형이 냉동 공조시스템에 관한 기술이 있어서 LA에 있는 마트나 가게의 냉동기 설비를 설치하고 사후관리해주는 일을 했다. 그리고 사촌 누님은 LA 한인타운에서 갈치찜, 동태찌개 등을 주메뉴로 하는 일반 식당을 운영하고 있었다. 그리고 반찬가게도 새로 오픈하기 위해 준비하고 있었다.

내가 LA에 있는 동안 주말에 사촌 누님댁에 방문했는데, 사촌 누님은 우리가 할리우드 영화에서 흔히 볼 수 있는 그런 집에 살고 있었다. 집 뒷마당에는 텃밭과 바비큐 파티를 할 수 있는 공간이 있고 1층에는 거실과 부엌, 방들이 있었다. 그리고 2층에는 방과 욕실이 있는, 전형적인 미국인들이 사는 집이었다. '사촌 누님과 매형이 미국에 이민 와서 굉장히 열심히 사셨구나'라는 생각이 들었다.

집에 잠깐 머물러 있다가 사촌 누님, 매형과 차를 타고 LA 인근으로 여행을 갔다. 비버리힐스, 산타모니카 해변 등을 차를 타고 돌아봤다. 끝없이 펼쳐진 농장에는 캘리포니아산 오렌지가 재배되고 있었다.

돌아다니다 배가 고파 햄버거 가게에 들어갔다. 나는 짧은 몇 마디로 주문을 하는 사촌 누님의 영어 실력에 놀라지 않을 수 없었다. 미국에서 40년간 살았으니 영어를 아주 유창하게 잘할 줄 알았기 때문이다.

'미국에서 이민자로 오래 살았다고 해서 영어를 반드시 잘하는 건 아니구나'라는 것을 경험하게 되었다. 또한 '영어를 잘하지 못해도 미국에서 살아가는 데 큰 어려움이 없다'는 사실도 알게 되었다. 한인타운에서 한국인을 상대로 장사하고 비즈니스를 하면 되니 말이다. 물론 사촌 누님의 자녀들은 어렸을 때부터 미국 학교에서 어린 시절을 보냈으니 미국인이나 다름없었다.

한국에서 태어나고 자란 토종 한국인이 성인이 되어 미국에 이민 가면 무조건 영어를 잘하게 될 거라는 생각은 현실을 너무 만만하게 본

것일 수 있다. 영어권 나라에 살고 있더라도 영어를 잘하기 위해 본인이 얼마나 영어에 노출되고 사용하느냐에 따라 영어 구사 능력이 달라질 수 있기 때문이다. 미국 이민 1세대 중에 영어를 잘하는 사람들은 그리 많지 않은 것 같다. 생업을 위해 영어에 집중해서 듣기, 읽기, 쓰기, 말하기 훈련을 하지 못했기 때문이다. 더구나 영어를 잘하지 못해도 한국인을 상대로 일을 한다면, 미국에서 생활하는 데 큰 지장이 없기 때문이다.

요즘 국내 회사에는 미국에서 석·박사 학위를 취득하고 입사한 사람들이 꽤 있다. 그들은 당연히 미국에서 학위를 취득하기 위해 영어로 공부하고 말하며 생활했다.

미국에서 공부한 많은 사람들이 영어로 인해 고생을 많이 했다는 이야기를 한다. 한국에서 중·고등학교, 대학교 때 배운 영어로 미국에 갔더니 미국인 친구들과 교수의 말을 잘 알아듣지 못했고, 자신의 말을 미국인들도 잘 알아듣지 못했다고 이야기한다. 그래서 영어 때문에 전공 공부도 잘하기 어려웠다는 말을 많이 한다. 그래서 그들이 한국으로 돌아와 영어로 말을 하는 걸 들어보면 미국 원어민처럼 이야기하는 사람은 거의 보지 못했다.

미국에 유학을 가게 되면 영어권에서 생활하기 때문에 생활영어는 잘하게 될 것이다. 그러나 생활영어 때문에 유학해야 한다면 굳이 해외로 가지 않더라도 국내에서 영어를 훈련하고 해외로 가도 늦지 않다.

물론 해외로 가서 생활한다면 영어에 대한 동기 부여가 될 수는 있다. 사람들이 "영어는 머리가 좋아야 잘할 수 있다"라는 이야기를 하는 것을 들었다. 그러면 미국인들은 모두 머리가 좋은 것인가? 그리고 한국에 와서 체류하고 있는 외국인 중 한국어를 잘하는 사람도 머리가 좋은 것인가?

머리가 좋다는 의미는 '암기력이 좋다', '창의성이 있다'와 같은 의미일 것이다. 그런 의미에서 영어를 잘하는 사람은 그만큼 잘하기 위해 반복하고 노력한 결과다. 결코 머리가 좋아서 단번에 영어를 잘하게 된 것이 아니다. "언어를 잘 구사하는 사람은 창의성이 있다"는 말도 있다. 말은 여러 가지의 단어와 문장을 조합해서 복합적으로 나타낸다. 그런 의미에서 언어는 예술과도 같은 성격을 지녔기 때문에 창의성과 이어질 수 있을 것이다.

사람들은 "영어는 어릴 때 공부할수록 잘할 수 있다"라는 이야기도 심심치 않게 한다. 맞는 말이기도 하다. 그러나 가만히 생각해보면 어릴 때 외국어를 공부한다는 것은 공부라기보다 외국어로 놀이를 한다고 볼 수 있다. 공부가 아니라 놀이와 훈련을 하는 것이다. 성인이 되어서 하는 것처럼, 외국어를 책을 펴고 공부하는 것이 아니다. 어릴 때 배우는 영어는 책으로 배우는 게 아니라 그냥 영어로 생활하는 것이라고 보면 될 것이다.

친구들과 어울리며 한국어 대신 영어를 쓰고 TV, 영화를 보더라도 한국어로 시청하는 게 아니라 그냥 영어로 시청한다. 그런 환경 속에서 영어를 체득하기 때문에 어릴 때 영어를 접할수록 잘하게 될 확률이 높은 것이다.

대한민국 성인으로 한국에 살면서 어린이들처럼 영어만 사용하는 환경에서 지내기가 어렵기 때문에 영어를 잘하기가 어려운 것이지, 꼭 어른이라서 영어를 못하는 것은 아니다. 성인도 요즘 어린이들처럼 영어를 사용하는 환경에서 살게 된다면 영어를 잘하게 될 것이다.

많은 사람이 영어에 대해 가진 편견 중의 하나는 "학원에서 원어민 강사에게 배워야 영어를 잘할 수 있다"이다. 한국어 원어민인 나는 과연 한국에 처음 온 외국인에게 우리 말을 잘할 수 있도록 가르칠 수 있을까? 어떻게 해야 잘 가르칠 수 있을까?

내가 한국어를 잘하게 된 것은 한국에서 태어나 어렸을 때부터 그냥 한국말을 계속 듣고 살다 보니 잘하게 된 것이지, 한국말을 잘하기 위해 누군가에게 배운 것이 아니다. 그런 내가 외국인에게 단기간에 한국말을 잘할 수 있도록 가르친다는 것은 모순이 있다.

간단한 말을 할 수 있을 정도의 단어, 문장 정도는 알려줄 수 있겠으나 한국말을 아주 유창하게 한국인 수준이 되게끔 가르치는 것은 불가능하다.

미국 원어민에게 영어를 배우는 것도 마찬가지일 것이다. 미국 원어민을 만나서 영어를 배우는 것은 한국인 영어 강사에게 배우는 것과 어떤 차이가 있을까? 똑같은 영어 단어나 문장을 가르칠 때 원어민 발음으로 하느냐, 아니냐의 차이일 것이다. 그리고 한국에서 나고 자란 사람이 미국 원어민의 발음으로 유창하게 말하는 것은 불가능하다. 원어민처럼 되려면 그 나라에 태어나서 그들처럼 생활 속에서 쭉 영어를 사용하고 구사하며 살아야 할 수 있기 때문이다.

"원어민을 사귀면 영어를 잘할 수 있다"라는 말도 마찬가지다. 영어만 사용해서 살아가는 환경이라면 원어민처럼 영어를 구사할 수 있을 것이다. 그러나 온종일 한국어를 쓰다가 원어민 친구를 만나서 그때 잠깐 영어를 사용하다가 헤어지면 다시 토종 한국인으로 돌아온다. 그렇게 한국어만 사용하는 환경 속에서 원어민 친구를 만나는 것은 잠시뿐이라는 것이다.

자신이 공부에 투자한 시간만큼 향상된다. 아무리 원어민을 만나서 듣고 말해도 한계가 있다. 원어민을 만나기 전에 듣기·말하기·읽기·쓰기 등의 기본기를 갖춰야 한다. 그리고 나서 원어민을 만나야 효과를 발휘할 수 있다.

영어 앞에 솔직해져라

교통사고 전문인 한문철 변호사가 요즘 유튜브에 많은 영상을 올리고 있다. 주로 교통사고의 사례별로 과실 비율을 명쾌하게 판단해주는 내용이다.

과거에 차량에 블랙박스가 없던 시절에는 가해자가 피해자가 되고 피해자가 가해자가 되는 사례들이 꽤 있었다고 한다. 그러나 이제는 블랙박스가 사고 당시 현장을 생생하게 촬영하고 녹화를 해준다. 그런 녹화 영상이 누가 가해자이고, 누가 피해자인지 명확하게 판단할 수 있는 근거가 된다.

과거에는 가해자의 과실을 100%로 인정한 경우가 많다고 한다. 그러나 이제는 피해자에게도 일정 부분 사건을 일으키는 원인 제공을 했다고 인정한다. 그래서 피해자에게도 과실이 있다고 판정되는 경우가 발생하고 있다.

우리나라의 문법 중심 영어 교육으로 수많은 사람이 영어로 스트레스를 받아왔다. 직장인의 경우, 회사에 입사하고 직장 생활을 하며 또다시 새롭게 영어 공부를 해야 하는 처지에 놓여 있다.

내 경우도 돌아보면 중·고등학교와 대학교에서 10년 넘게 영어 공부를 해도 영어를 잘하지 못하는 이유를 문법 중심의 영어 교육 방식 탓으로만 돌리기에는 뭔가 찜찜하다. 수많은 교재와 테이프로 영어 공부를 해왔다. 그러나 한 개의 교재라도 제대로 한번 끝내봤는지 나 자신에게 물어보면 그렇지 못하다. 영어를 잘하지 못한 것에 대해 일정 부분 나에게도 과실이 있는 것이다. 회사에 입사한 후, 영어를 잘해보겠다고 자기계발 계획에 매년 영어 공부를 1순위로 올려놓고는 제대로 실행했던 해가 거의 없었다. 연초에 1~2개월 정도 반짝했다가 중도에 멈추고 끝낼 때가 참으로 많았다.

대한민국에서 직장인으로 살면서 영어라는 굴레에서 자유로운 사람은 영어를 아주 유창하게 하는 소수의 사람이다. 보통의 직장인들은 자의든 타의든 영어가 마음 한구석에 항상 자리 잡고 있다. 마음속에 잘하고 싶은 마음이 있다가도 '영어를 잘하지 못해도 직장 생활에 큰 지장이 없잖아!'라고 생각하며 자신을 위안하고 넘어간다. 정말 대한민국에서 직장 생활을 하면서 영어 잘하지 못해도 마음 편하게 생활할 수 있을까? 아닐 것이다. 특히 제품과 서비스를 만들고 수출해서 사업을 벌이는 기업에 속한 직장인의 경우, 영어라는 굴레는 더 무겁게 느껴질 것이다.

영어 잘하지 못해도 된다는 위안은 잠시뿐이다. 대한민국에 사는 직장인에게 영어는 끝까지 따라다닐 것이다. 영어가 싫다고 외면하고 헤어지고 싶어도 영어라는 친구는 자기를 자꾸 알아봐달라고 할 것이다. '영어를 꼭 잘해야 하는가?'라고 의문을 품지 마라. 잘해서 손해 볼 거 하나도 없다.

시대가 변할수록 점점 훌륭한 번역 프로그램들이 개발되고 있다. 그래서 영어 공부를 하지 않아도 해외 여행을 가거나 미팅을 할 때 번역 애플리케이션을 사용해서 의사소통을 할 수 있다. 그런데 영어 번역 프로그램이 있으니 영어 공부를 하지 않아도 될까? 외국 여행을 하며 간단한 번역 기능을 가진 애플리케이션을 사용하는 것은 매우 유용할 것이다. 영어 구사가 전혀 안되는 사람은 안되는 영어를 쓰기보다 번역을 잘해주는 애플리케이션을 사용하는 것이 더 효과적이다.

그러나 직장 생활을 하며 영어로 회의를 하고 고객 미팅을 할 때, 영어 번역 애플리케이션을 사용한다고 상상해보자. 상대방은 유창한 영어로 말을 하는데, 나는 하고 싶은 말을 한국어로 번역기에 타자하거나 말한다. 번역기가 실행되고 번역된 말이 나타난다. 상대방에게 보여주거나 들려준다. 상대방은 듣거나 볼 때 상당히 답답하게 느낄 것이다.

질문하고 답하는 사이, 대화 간격이 0.1~0.3초 정도 될 텐데 상대방은 그사이가 길어질수록 답답하게 느낄 것이다. 의사소통의 속도가 느려질 뿐만 아니라 서로 간의 신뢰에도 문제가 될 수 있다. 억양과 뉘앙스를 통해서도 언어의 의미를 전달할 수 있기 때문이다. 훌륭한 영어 번역 애플리케이션이 개발되더라도 완벽한 의사소통에는 한계가 있다. 따라서 중간 멈춤 시간 없이 말을 바로 전달해줄 수 있는 완벽한 번역 애플리케이션이 개발되기 전까지는 영어 공부는 계속되어야 할 것이다.

인간은 편안함과 편리함을 추구하는 존재다. 서 있으면 앉고 싶고, 앉아 있으면 눕고 싶고, 누워 있으면 자고 싶은 존재다. 그리고 가능한 한 몸을 직접 쓰기보다 많은 도구를 사용해서 효율성을 높인다. 대표적으로 집안의 가전기기와 청소도구들을 생각해보면 된다. 밥하고 빨래하고 청소하는 도구들이 매년 수많은 업체에서 나온다.

영어를 공부하기 위해서도 여러 기구와 도구들을 사용한다. MP3는 기본이고 번역 기능이 있는 애플리케이션, 나의 억양을 보여주는 그래프 기능의 애플리케이션, 영작하는 프로그램, 외국인 친구를 만나게 해주는 애플리케이션 등 참으로 다양하다.

영어를 읽고, 쓰고, 듣고, 말하기를 위한 애플리케이션들과 도구들이 참 많다. 영어를 어떻게든 편하게 구사하고 싶은 마음에 번역 앱이 개발된다. 내 눈이 피곤하니 내가 직접 읽는 대신 책을 읽어주고 들려주는 기능이 개발된다. 쓰고 말하는 것도 한국말로 하면 영어로 편하게 영작이 되고 영어로 소리가 되어 나온다. 내 머릿속에서 에너지를 쓰며 영어로 번역을 하지 않아도 되는 것이다. 편하게 나를 대신해 영어를 구사해주는 기능을 사용한다. 이렇게 나를 대신해주는 보조 기능을 통해 영어를 공부하려고 한다.

그러나 직접 움직여야 하는 것은 바로 나다. 아무리 나를 대신해서 영어를 읽어주고 말해주고 들려주고 써주는 보조 기능이나 로봇을 사용해도 말을 만들어내는 것은 바로 나다.

나만의 창조적인 언어를 만들어내는 것은 나의 뇌다. 나의 뇌를 대신해줄 수 있는 보조 도구는 없다. 보조 도구는 그야말로 보조 도구일 뿐이다. 나의 뇌를 자극해서 영어를 창조적으로 사용할 수 있게 해야 한다.

영어를 편하게 구사하려고 하면 할수록 영어는 나에게서 멀어져갈 것이다. 내가 직접 영어로 읽고 쓰고 듣고 말해야 나의 뇌에 축적된다.

주변에 영어 공부를 하는 지인이 몇 명 있다. 그중, 영어 수준이 비슷한 A과장과 B과장이 있다. A과장은 나이가 좀 들었는데도 본인이 노후에는 한국으로 관광 오는 외국인을 상대로 영어로 통역하며 즐겁게 사는 모습을 상상하며 영어를 공부한다.

A과장은 영어 발음도 그렇게 좋은 편은 아니지만, 자신감 있게 하고

싶은 말을 영어로 다 한다. 반면에 B과장은 영어를 공부하지만, 공부의 목표도 없고 회사가 시켜서 억지로 하고 있다. 영어에 대한 자신감이 없고 영어를 어려워한다. 두 사람을 비교해보면 3년 뒤, 5년 뒤의 모습이 그려진다. 누가 더 영어를 잘하게 되고 영어로 새로운 사람과 세상을 만날 수 있을까? 분명, A과장이 영어를 더 잘하고 재미있게 사용할 것이다.

영어는 특별한 것이 아니다. 내가 마음먹고 잘해보겠다고 덤벼들면 할 수 있는 그런 것이다. 영어를 특별하게 취급하지 말자. 수영을 배우는 것처럼, 자전거 타는 것처럼, 피아노를 배우는 것처럼, 미술을 배우는 것처럼 하면 된다. 영어와 친해지고 싶다면 영어를 대할 때 솔직할 필요가 있다. 너무 얕잡아 보지도 말고 너무 대단하다고 보지도 말고.

핵심은 기본기다

우주에 인공위성을 쏘아 올리기 위해 필요한 것은 발사 추진체인 로켓이다. 1, 2단 로켓은 우주선이 대기권을 뚫고 올라가 고도를 높이는 역할을 한다. 3단 로켓은 위성이 궤도에 안착하는 것을 돕는다.

로켓 중에서 1단 로켓이 가장 먼저 필요한데, 몇십 톤이 넘는 육중한 무게의 우주선을 중력을 이겨내고 땅에서 들어 올리려면 어마어마한 힘의 추진력이 필요하다. 즉, 1, 2, 3단 로켓 중에 1단 로켓에 가장 많은 에너지가 필요한 것이다.

영어라는 프로젝트도 원하는 수준에 오르려면 기초를 다지는 데 많은 에너지와 노력이 필요하다. 처음에 영어를 시작할 때 많이 힘들다고 하는 이유도 에너지가 매우 많이 필요하기 때문이다.

건축 공사에서도 기초 공사가 굉장히 중요하다. 철거와 측량이 끝나면 기초 공사를 시작한다. 기초 체력이 우수한 선수가 끝까지 오래 뛸 수 있는 것과 마찬가지로, 기초 공사가 잘된 건축물은 안전성과 수명도 면에서 우수하다. 기초 공사는 건축물을 지지할 수 있도록 토지의 기반을 다지는 매우 중요한 공사다.

영어에서도 기초 공사가 중요하다. 우리는 지금까지 영어의 기초 공사를 제대로 하지 않아서 영어라는 공사를 진행하다가 허물고 다시 짓고를 반복한 것이다.

그럼, 어떻게 하면 영어의 기초를 탄탄히 할 수 있을까? 어떻게 하면 영어의 1단 로켓을 성공적으로 쏘아 올릴 수 있을까? 많은 사람들이 단어, 어휘력이 가장 기본이라고 생각할 것이다. 그러나 나에게 영어의 가장 기본이 되는 것은 목표 수립과 매일매일의 목표 상기였다.

우리는 보통 매일 한 가지의 행동을 하루 30분에서 1시간 동안, 한 달 이상 지속하는 것을 힘들어한다. 그러니 3개월, 6개월, 1년을 지속해나가기는 더더욱 어렵다. 사람들은 왜 꾸준히 지속해서 하지 못할까?

나는 내가 계획한 영어 학습을 하루도 빠짐없이 하기 위해서 하루에 총 몇 시간을 공부할지 목표를 세우고 매일 몇 시 몇 분에서 몇 시 몇 분까지 학습하고 실행했는지 체크했다. 총 300시간의 학습이 필요하다면, 하루에 2시간씩 150일 동안에 해야 할 공부 분량을 매일 실행하고 점검했다.

어휘를 공부하고 문장을 공부하는 기술을 익히는 것은 두 번째 문제다. 진짜 문제는 '어떻게 지속할 것인가'이다. 나는 이렇게 지속하는 힘을 기르는 것이 영어 학습의 가장 기본이라고 생각한다. 그리고 지속하는 힘이 필요한 건 비단 영어뿐만이 아니다.

지속하는 힘을 기르기 위해 장기 목표에 대해 하루 단위의 목표를 수립하고 실행했는지 매일 점검했다. 그리고 끊임없는 동기 부여를 위해 영어를 정복하고 난 후의 모습을 계속 떠올렸다.

영어라는 기술을 익히기 전에 작심삼일이 되지 않도록 하기 위한 기본기를 갖춰야 한다. 영어의 기초 체력은 영어의 기술을 익히기 위해 지속할 수 있는 마인드셋이다.

영어를 공부하기 위한 기본기인 정신을 단단히 하고 난 후에는 영어의 기술적 기본기인 어휘를 익혀야 한다. '100개, 500개 단어, 문장만 익히면 영어 천재가 된다'라는 식의 문구는 생각하지 말자. 그 말대로였다면 우리는 모두 영어 천재가 되어 있어야 했다.

《영어탈피》라는 영어 교재에서는 한 개의 단어에 여러 개의 뜻이 있는 단어를 스펠링은 같지만 모두 다른 단어로 본다. 그리고 어휘를 익힐 수 있도록 권장 계획이 수립되어 있다. 영어의 기본이 되는 단어를 어떻게 볼 것인지가 매우 중요하다고 생각한다. 한국말에도 '배'라는 단어에 몇 개의 뜻이 있지 않은가? 바다 위에서 타고 가는 '배', 먹는 과일의 '배', 사람 몸의 '배' 등 글자 모양은 같지만, 뜻이 다른, 전혀 다른 말이다.

그런데 우리는 영어를 익힐 때 한 개의 단어에 대해 대표 의미만 암기하는 식으로 어휘 공부를 해왔다. 대표 의미만 공부하고 부차적인 뜻은 필요하면 외우는 식이었다. 이것은 어휘를 공부하는 데 가장 큰 오류다.

영어에 'fine'이라는 단어를 우리는 '좋은'이라는 대표 뜻으로 가장 많이 기억하고 있다. 가장 많이 기억하고 있는 문장이 아마 "I'm fine, thank you. And you?"일 것이다.

'fine'에는 '좋은'이란 뜻 외에 '건강한', '가느다란', '벌금'이라는 뜻이 있다. 'fine'이라는 단어 하나를 학습하더라도 '벌금'이라는 뜻까지 학습이 되어야 'fine'이 들어간 문장을 듣거나 봤을 때 문장의 의미를 알아들을 수 있는 것이다.

한 개의 단어에 여러 개의 뜻을 가진 단어를 100개, 500개만 암기한다고 영어를 잘할 수 있는 것이 아니다. 자신이 공부한 500개의 단어까지만 알아듣고 말할 수 있는 것이다.

그러나 미국인이 자신이 공부한 500개 단어만 가지고 말할까? 전혀 그렇지 않다. 미국의 실생활에서, 그리고 비즈니스 상황에서 쓰이는 기본적인 어휘들을 익혀야 최소한 80~90%의 영어를 알아듣고 말할 수 있게 된다.

그래서 영어의 기술적인 1단계인 어휘력 향상에서는 미국의 실생활에서 쓰이고 있는 1만 5,000개 정도의 단어를 알아야 기본적인 의사소통이 가능한 것으로 보고 있다. 1만 5,000개의 단어를 외우는 것이 절대 쉽지는 않다. 그러나 우리가 영어의 기본기를 갖추기 위해서는 넘어야 할 산이라고 생각한다.

3~4개월에 걸쳐 1만 5,000개의 기본 단어를 암기한 후에는 문장 구사력을 향상시키기 위해 암기한 단어가 포함된 1만 개 정도의 문장을 반복해서 학습한다. 문장을 학습할 때 중요한 것은 한글을 보지 않고도 그 문장을 말할 수 있는 정도까지 학습이 되어야 한다. 그래야 영어를 듣고도 한국말을 듣고 이해하는 것처럼 직청직해가 될 수 있다. 여기까지가 영어 기술의 기본기를 갖추는 것이라고 할 수 있다.

영어의 기본기를 갖추는 단계는 간단하다.

마인드셋(목표 수립, 실행점검) ➡ 단어 암기 ➡ 문장 암기의 순이다.

중·고등학교 때는 문법 중심으로 수업을 듣고 독해 공부를 했다. 그러나 그건 나의 영어의 기본기가 될 수 없었다. 그리고 영어 단어 하나에 한 개의 대표 뜻만 외웠다. 이것은 영어를 열심히 공부했어도 잘할 수 없는 결과를 낳았다. 더군다나 영어 문장도 많이 접하지 않았다. 패턴 영어 몇백 개만 알면 영어를 끝낼 수 있다는 식의 영어 공부법도 많이 접했다. 지금까지 공부했던 많은 영어 공부법들을 통해 내가 기본기를 갖출 수 없었던 것은 너무나 당연한 결과였다.

최근 3년 동안 시중 서점에 출판된 영어 관련 공부법 책들을 보면 기본기를 많이 강조한다. 《영화 한 편 씹어먹어 봤니?》의 신왕국 작가는 "영어 듣기가 되어야만 영어 말하기도 된다"라고 강조한다. 그리고 《27년 동안 영어 공부에 실패했던 39세 김 과장은 어떻게 3개월 만에 영어 천재가 됐을까》의 김영익 작가는 수영, 요가 등 모든 운동에 필수로 익혀야 하는 기본 동작들이 있듯이, 영어 또한 기본을 마스터하는 것이 중요하다고 한다.

영어에 대한 기본기는 아무리 강조해도 지나치지 않는다. 기본기를 무시하면 다음 단계로 나아갈 수 없기 때문이다. 그리고 기본기를 잘 다져놓지 않고 다음 단계로 넘어가면 반드시 다시 처음부터 기본을 다져야 하는 상황이 온다.

영어를 잘하게 된 사람들의 공통점은 학습법을 배우고 기본기를 다지기 위해 자기 혼자만의 훈련 시간을 혹독하게 거쳤다는 것이다. 강사에게 영어에 대한 좋은 강의를 아무리 많이 들어도 결국 기본기를 익히는 것은 자기 자신과의 싸움을 통해서다. 인내심을 갖고 극복해야 기본기가 갖춰질 수 있다.

최우선 원칙은 단계를 뛰어넘어서는 안 된다는 것이다

'한책협'을 운영하는 김태광 대표 코치는 10년 동안 1,000명의 저자를 배출한 베테랑 책 쓰기 코치다. 그는 24년 동안 쌓아온 노하우를 통해 단기간에 많은 신규 저자를 배출해내고 있다. 글쓰기의 시스템을 철저하게 체계화했다. 이러한 체계화된 과정을 통해 주제, 제목, 목차를 정하고 서론, 본론, 결론의 원고를 쓰는 요령을 배운다. 출판사에 원고를 투고하는 방법, 책 출판을 위한 여러 단계에 대한 모든 노하우를 배울 수 있다.

책 쓰기의 단계별 시스템 덕분에 초보 저자들이 좀 더 빨리 좋은 콘텐츠의 책을 출간할 수 있다. 김태광 코치가 지도하는 책 쓰기의 처음부터 끝까지 단계별로 제대로 밟아나가지 않으면, 책 출판은커녕 원고를 처음부터 다시 써야 하는 사례가 발생한다.

영어의 기술을 익히는 데에도 철저하게 단계를 밟아나가는 것이 필요하다. 개인마다 수준 차이가 있고 목표도 다르다. 우선 자신의 현 수준부터 파악해야 한다. 자신의 현 수준이 어느 정도인지 파악되어야 목표에 도달하는 데 얼마의 기간이 필요하고, 어느 정도의 비용이 필요한지 산출할 수 있다. 그리고 구체적인 실행 계획을 세울 수가 있다. 병원에 가면 의사로부터 처방전을 받기 위해 진단을 먼저 받아야 하는 것처럼 말이다.

3년 전 겨울, 수영을 배우기 위해 집 인근에 있는 스포츠센터의 강습반에 등록했다. 20년 전에 자유 수영을 조금 배웠으나 기초반부터 다시 시작했다. 처음에는 숨쉬기부터 배우니 이미 할 줄 아는 것이라서 쉽게 넘어갔다. 자유형 스타일의 수영도 이미 어느 정도 할 줄 알아서 잘 넘어갔다.

그런데 평영에서 완전히 뒤처지기 시작했다. 아무리 연습해봐도 수영 코치가 가르쳐준 대로 몸이 움직여주지 않았다. 그렇게 2개월이 흘러 월반을 하게 되었다. 상급반으로 올라가게 된 것이다. 스포츠센터도 신규 회원을 계속 받아야 수영장 운영이 된다. 그러니 시간이 되면 기존 반의 수강생들을 다음 상급반으로 월반시킨다.

나는 중급반으로 올라갔다. 중급반으로 올라가서 실력이 많이 향상되었다. 그러나 평영이 계속 나의 발목을 잡았다.

강습받고 집으로 와서 잘 안되는 부분만 집중적으로 유튜브에서 동영상을 찾아봤다. 다른 수영 코치들은 어떻게 가르치는지, 수영 배우는 사람 중에 잘하는 사람은 어떻게 하는지를 반복해서 유심히 봤다. 주말에는 자유 수영 시간에 혼자서 계속 연습했다. 이 방법도 써보고 저 방법도 써본 후에야 아주 조금씩 나아지는 것을 느꼈다.

문제는 상급반으로 올라가서 생겼다. 기초반 때부터 문제였던 나의 평영 실력은 고급반에 올라가서도 말썽을 피웠다. 수영 중고급반이 되면 IM(개인 혼영)이라는 것을 연습한다. 접영 ➞ 배영 ➞ 평영 ➞ 자유형 순으로 영법을 25m 또는 50m마다 바꿔가며 수영하고 기록을 재는 것이다. 100~200m IM(개인 혼영) 기록을 재며 자신의 이전 기록이나 다른 사람과 비교를 한다. 이렇게 수영하는 시간을 재고 다음 달에도 또 재며 시간을 좀 더 단축하기 위한 강습을 해나간다.

나의 IM 기록은 자유형, 배영, 접영은 좋았으나 평영이 항상 문제였다. 그래서 잘하는 사람을 무리하게 따라서 하려고 애썼다. 그러다 보니 어깨의 회전근개, 다리의 고관절에 무리가 와서 정형외과에 다니며 스테로이드 주사를 맞고 체외충격파 치료도 받았다.

욕심을 부린 것이다. 빨리 높은 단계의 반으로 가서 나도 수영을 잘한다고 뽐내고 싶었다. 당시, 몸매도 좋고 수영 잘하는 남녀를 보면 너무 멋있어 보였다. 처음 기초 단계에서부터 평영 발차기와 팔 동작 등을 완벽하게 한 후에, 다음 단계로 넘어갔어야 하는데 그렇지 못했다. 결국, 평영은 아직도 완벽하게 하지 못한다.

회사 동료 중에 영어를 다시 시작한 지 얼마 안 된 K차장이 있다. 그는 영어 등급이 필요해 공부를 한 건 아니었다. 요즘 회사에서 사원들에게 영어 회화 등급에 대해 강조하고 있다 보니 얼떨결에 오픽 시험 기본 대비반에서 영어 공부를 다시 시작하게 되었다.

매일 1시간 12주 프로그램을 하루도 빠짐없이 성실하게 잘 참석했다. 그래서 오픽 등급도 두 번 시험을 치르고 4급과 3급을 따게 되었다. 그리고 바로 오픽 2등급으로 고등급인 IH 대비반 수업에 연이어 참석했다. 그러나 수업 시작 이틀 만에 중도 포기했다.

나는 그 심정을 이해했다. 그는 빨리 월반해서 빠른 시간 안에 영어를 잘하고 싶었을 것이다. 하지만 영어 오픽 IH는 외국에서 오래 살다 와도 바로 취득할 수 있는 등급의 수준이 아니다. 영어의 기본기도 잘 갖춰져 있어야 하고 유창성이나 순발력도 매우 필요한 시험이다. 그가 12주 만에 오픽의 IL, IM을 취득한 것도 굉장히 잘한 건데, 거기에 바로 월반해서 IH를 취득하려고 한 건 무리였다.

영어도 처음 시작할 때부터 제대로 배우고 단계를 높여가야 한다. 그렇지 않으면 다음 단계에서 스트레스를 너무 받아서 중도에 포기하게 되는 경우가 생긴다. 뭐든지 재미있게 하고 몰입해서 할 때, 실력이 늘고 효율성 있게 진행된다.

영어 단어 하나의 발음을 우습게 보지 마라. 발음 하나라도 또박또박 제대로 알고 나서야 미국인의 굴러가는 발음을 따라 할 수 있게 된다. 단어의 뜻도 제대로 모르면서 10~20개의 단어로 이루어진 문장을 어떻게 이해하겠는가. 영어 단어의 발음을 배울 때는 원어민이 또박또박 말하는 발음을 많이 듣고, 그대로 똑같이 따라 하는 연습을 많이 하는 것이 중요하다. 그리고 애니메이션을 보든지 회화를 연습하든지 해야 한다.

원어민의 또박또박 발음이 이해되고 따라 할 수 있게 되면, 실제로 이루어지는 대화를 듣고 따라 말하는 연습을 하면 귀가 뚫리고 입이 트이는 경험을 하게 될 것이다.

나는 영어의 기본기를 다지기 위해 10,000개 이상의 단어와 문장을 듣고 이해하는 과정을 반복해서 훈련했다. 암기하고 따라 말하는 훈련을 6개월 정도 한 후에 전화 영어의 단계로 넘어갔다. 전화 영어를 매일 20분간 5개월을 할 수 있었던 것은 영어의 기본 단계를 잘 거쳤기 때문이다. 전화 영어를 하는 동안 모르는 단어와 문장이 많았으면 매일 했던 전화 영어가 굉장히 힘들고 스트레스를 받아 오래가지 못했을 것이다.

자신의 임계점을 넘기기 전까지는 다음 단계로 넘어가지 말자. 빨리 가고 싶어도 자신의 현 단계를 제대로 소화해낸 후에 다음 단계로 넘어가야 탈이 나지 않는다. 영어뿐만 아니라 모든 이치가 그렇다. 그리고 영어는 투자한 시간만큼 바로 효과가 나지 않는다. 투자한 시간이 쌓이다가 어느 날 갑자기 귀가 뚫리고 입이 트인다. 그런 경험을 한 후에 다음 단계로 가는 것이 현명하다.

무엇으로 공부할 것인가, 도구 결정의 원칙

2년 전, 한창 일상생활에 관한 영작 연습을 할 때였다. 회사에서 회의에 참석할 때면 발표자가 말하는 한국말을 들으면 내 머릿속에서 영어로 바로 바뀌는 현상을 경험했다. 회의 때도 영어 공부를 하는 것이었다. 한국말을 하면 번역해서 나오는 게 아니라 영어로 바로 생각이 떠오르는 정도가 되니 재미있었다. 일상에서 벌어지는 모든 것을 영어의 도구로 사용하면 재미있고 오랫동안 활용할 수 있는 자신만의 이야깃거리가 될 수 있다.

바다에 가는 걸 좋아하는 나는 낚시도 좋아하고 잡은 물고기로 요리를 하는 것도 좋아한다. 그래서 영어로 프레젠테이션하는 기회가 오면 내 취미생활을 영어로 이야기하곤 한다. 그렇게 내가 좋아하는 분야를 영어로 말해보면 그때 사용했던 단어나 문장은 잊어버리지 않게 되었다.

예를 들면, 한국에서 서해안이나 동해안에서 낚시로 잡게 되는 물고기는 모두가 잘 아는 우럭, 광어, 장어 등이다. 이런 어종을 영어로 하면 뭘까? '우럭'은 'rockfish', '광어'는 'flatfish', '장어'는 'eel'이다. 평소에는 쓸 일이 없는 용어다. 하지만 어떤 미팅 자리나 식사 자리에서 여러 가지 주제를 가지고 이야기할 때, 이런 취미생활에 관련된 용어는 재미있게 잘 써먹을 수 있다.

그리고 수영을 좋아하는 나는 수영을 말할 때도 영어로 생각을 해본다. 수영을 이야기할 때 제일 많이 쓰는 용어가 뭘까? 수영의 영법인 자유형, 평영, 배영, 접영이다. '자유형'은 'freestyle', '평영'은 'breaststroke', '배영'은 'backstroke', '접영'은 'butterfly'다.

자신이 경험한 특징적인 몇 가지만 숙지하고 있어도 영어로 대화를 풀어나갈 때 한결 수월하고 재미있다. 또는 좋아하는 물건에 관해 얘기할 때도 서너 가지의 특징을 평소에 생각하고 있으면 대화를 전개해나갈 때 아주 편하다.

요즘은 대부분의 사람들이 스마트폰으로 거의 모든 활동을 하고 있으므로 스마트폰으로 할 수 있는 것들에 대해서도 영어로 생각해볼 수 있다. 예를 들면, 인터넷 뱅킹, 독서, 음악 듣기, TV와 영화 시청, 공부, SNS 등이다. Internet banking, Reading book, Listening music, Watching TV and movie, Study, 이런 단어들은 일상생활에서 쓰는 아주 기초적인 단어들이다.

영어의 읽기, 쓰기, 듣기, 말하기를 잘하기 위해서 어떤 교재를 활용해야 할까? 우리는 지금까지 읽기, 쓰기, 듣기, 말하기가 모두 별개의 요소라고 생각했다. 그래서 읽기 교재 따로, 쓰기 교재 따로, 듣기와 말하기 교재를 따로 준비해서 영어 공부를 해왔다.

하지만 우리는 어릴 적 말을 배울 때 각각을 따로 배우지 않았다. 말한 것을 그대로 쓰고, 쓴 것을 읽고 들어보며 한국어를 배웠다. 단어를 배우더라도 단어 하나에 대해서 읽고 듣고 쓰고 말하기가 모두 한 번에 되는 방법으로 학습해야 제대로 배울 수 있다. 단어장 따로, 읽기 교재 따로, 듣기 교재 따로, 말하기 교재 따로, 이렇게 하다가는 시간이 오래 걸릴뿐더러 공부하다 지쳐서 중도 포기를 하기 쉽다.

보통 사람들이 어휘를 익힌다고 단어만 강조한 교재로 공부한다. 그러다가 독해를 공부하겠다고 독해를 위한 교재를 또 사서 공부한다. 그리고 듣기 공부를 한다고 연설문이나 드라마 같은 음성이나 동영상 파일로 공부를 한다. 마지막으로 말하기를 공부한다고 학원강사나 원어민 선생님을 찾아 나선다. 이런 식의 영어 공부는 일관성이 없고 추진력 있게 해나가기 어려울 뿐만 아니라 효과를 보기도 어렵다. 기본적인 읽기, 듣기, 쓰기, 말하기가 한 번에 될 수 있는 교재로 각 단계를 마스터하고 다음 단계로 넘어가야 한다.

영미권의 실생활에서 많이 쓰이는 단어와 문장으로 구성되고 녹음된 교재로 훈련하는 게 좋다. 최소 3개월 이상 집중해서 단어와 문장을 보고 읽고 듣고 따라 말하기를 하면 영어의 새로운 세상이 열릴 것이다.

직장인으로 일하면서 영어를 빨리 끝낼 수 있는 지름길은 없다. 좀 더 효율적으로 공부할 수 있는 교재와 방법을 찾아 학습 가이드대로 끝까지 해보는 방법이 가장 효과적이다.

듣기와 말하기의 공부 방법은 반복해서 한다는 점에서는 같지만 약간 다르다. 단어 한 개의 발음을 들을 때 잘 안 들리는 음절은 반복해서 듣는다. 확실하게 들리고 이해가 될 때까지 반복해서 듣는다. 문장을 들을 때는 안 들리는 단어가 포함된 부분을 집중해 반복해서 듣는다. 듣기 훈련을 할 때는 잘 안 들리고 이해가 안 되는 부분을 뽑아내어 훈련한다.

그러나 말하기 훈련을 할 때는 듣기와는 다르다. 두세 문장을 연결해 끊지 않고 한꺼번에 길게 말해보는 훈련을 한다. 유창하게 말하는 모습을 보이려면 중간에 끊김이 없어야 한다. 자신이 하고 싶은 말이 입에서 거침없이 쭉 나올 수 있도록 하는 훈련이 필요하다.

영어 문장을 볼 때는 한글 번역본을 벗어나라. 아기가 엄마의 모유를 떼고 분유를 먹게 되는 것처럼 한글 문장을 떼고 영어 문장만으로 영어를 공부하고 훈련해야 한다. 그래야 직청직해를 할 수 있다. 머릿속에서 영어를 한국어로 번역하는 시간 없이 영어를 영어 그대로 이해하도록 해야 한다.

그러려면 영어 문장이 담긴 MP3 파일과 한 몸이 되어야 하겠다. 아침에 잠에서 깨어나서부터 잠들기 전까지 MP3와 항상 시간을 함께 보내야 직장에 다니면서도 집중 훈련을 할 수 있다. 필요하면 스마트폰을 사용하지 말고 별도의 MP3 기기로 영어 듣기 훈련을 하는 게 좋다. 스마트폰으로 MP3 파일을 듣다 보면 문자, 메일, 다른 동영상, 뉴스 등을 들여다보게 되어 영어 듣기 훈련에 방해가 될 수 있기 때문이다. 집중해서 영어 듣기와 말하기 훈련을 할 때는 방해되는 요소나 환경을 최대한 배제해야 한다.

하루에 우리에게 주어진 24시간은 결코 짧은 시간이 아니다. 매일 1시간만 공부하더라도 3개월이면 거의 100시간에 가깝다. 가끔은 팝송과 같은 음악을 들으며 가사로 영어를 공부하는 것도 효과가 있다. 음악은 리듬을 타며 영어를 들을 수 있으므로 발음에도 익숙해진다. 음악을 들을 때 감동하며 알게 되는 가사는 머릿속에 오래 기억하게 된다.

나는 출퇴근을 하면서 스마트폰에 영어 일기를 남겼다. 하루에 있었던 일 중에 기억나는 일을 10~20줄 정도 영어로 남겼다. 처음에는 힘들었지만 익숙해질수록 영어로 쓰는 게 편해지기 시작했다. 그리고 영어로 일기 쓰는 것이 나중에 말하기에도 도움이 된다는 것을 느꼈다. 다른 사람에게 보여주기가 위해서가 아니라 영어 일기를 씀으로써 영어의 활용도를 높이는 효과를 볼 수 있다.

영어 훈련을 하면서 시험을 치르는 것도 효과가 있다. 누군가에게 점수를 제출하는 게 아니라 자신의 영어 수준이 향상되고 있는지를 점검하는 것이다. 그리고 시험을 치르고 나면 대부분 사람은 영어 공부를 열심히 해야겠다고 마음을 먹게 되기에 영어에 대한 동기 부여가 되기도 한다.

원어민과 만날 기회가 있다면 영어 훈련을 하는 중에도 동기 부여 차원에서 미팅을 하면 자신이 얼마나 영어를 알아듣는지 바로 경험할 수 있다. 그리고 자신이 그동안 공부한 영어를 입 밖으로 내어 잘 활용할 수 있는지 체험하게 된다. 원어민과의 미팅은 가장 큰 동기 부여가 될 것이다.

이렇게 영어를 훈련하기 위한 도구들은 여러 가지가 있다. 그중에 자신에게 가장 재미있고 오랫동안 지속할 수 있는 도구를 활용해보자.

영어 공부, 반복 훈련만이 길이다

서해안이나 동해안의 어느 항구를 가더라도 자신의 낚싯배를 몰고 나가서 낚시하는 사람을 많이 보게 된다.

최근 배 조종 면허를 취득하는 사람이 대폭 늘었다고 들었다. 대략 27만 명이 넘는다고 한다. 이러한 유행에는 〈도시어부〉라는 프로그램이 한몫한 것 같다. 개그맨 이경규와 탤런트 이덕화가 게스트로 온 배우들과 함께 배를 타고 바다에 가서 티격태격하며 물고기를 잡는 모습은 많은 낚시꾼의 로망이다. 답답한 도시를 떠나 탁 트인 망망대해로 나가 배 위에서 낚시하는 모습은 물고기를 잡지 못하더라도 스트레스를 확 날려버릴 수 있는 광경이다.

나도 이참에 배를 조종해보고 싶은 욕망이 생겼다. 그래서 2년 전,

모터보트 조종을 위한 면허시험을 보기로 마음먹었다. 배 조종면허를 따면 배를 구해 친구들과 바다로 나가 낚시를 해보겠다고 생각했다. 먼저 필기시험을 치렀다. 모터보트 조종면허를 위한 필기시험도 쉽지만은 않았다. 필기시험 교재를 열 번 정도 반복해서 본 후 시험을 치렀다. 항해 관련 법규, 배 운전을 위한 여러 기능에 관한 것이었다. 필기시험에 합격하고 실기시험을 치러야 했다.

그런데 도시에 사는 내가 배를 운전해볼 기회가 없었다. 자동차는 어디에서라도 빌려서 운전해볼 수 있는데 배는 어디에도 대여하는 곳도 없고 직접 운전해볼 기회가 없었다. 유일하게 운전해볼 기회는 한강에 있는 배 조종면허 시험장에서 시험 보기 전에 몇 시간 정도 실습을 해보는 방법뿐이었다.

그래서 시험 본 사람들이 유튜브에 올려놓은 동영상을 보며 이미지 트레이닝을 했다. 출발, 좌회전, 우회전, 고속 운전, 고속 운전 중 회전, 급정지, 익수자 구출, 귀항 등이었다. 시험 보는 모습을 찍은 동영상을 수십 번 봤다. 직접 배를 몰아보고 실습한 건 한 번이었다. 그런데도 실기시험을 한 번에 합격했다. 수없이 반복한 이미지 트레이닝이 없었다면 조종면허시험에서 탈락했을 것이다. 그때 나는 필기시험과 실기시험을 준비하며 반복의 힘이 얼마나 큰지 다시 한번 경험할 수 있었다.

3년 전, 영어를 매일 집중해서 공부했던 습관이 작년부터는 독서로 이어졌다. 직장 생활을 하며 가끔 자기계발 분야의 도서를 읽곤 했다. 그러나 어떤 목적이나 목표를 두고 책을 읽지는 않았다. 그러다가 "이왕 독서하는 것 한 번 제대로 해보자"라는 생각이 들었다.

그래서 마케팅 관련 추천 도서 중 340권을 선정했다. 그리고 1년 동안 읽을 목표로 부동산 관련 도서 100권도 선정했다. 당시 부동산에 대한 이슈가 상당해서 부동산에 문외한이었던 나도 부동산에 관심을 두게 되었다. 1년에 100권의 책을 읽으려면 일주일에 두 권은 읽어야 했다. 보통 책 한 권당 300페이지가 넘었다. 하루에 100페이지 이상은 읽어야 했다. 매일 아침 출근 전부터 책을 읽기 시작해서 업무 시작 전, 점심시간, 퇴근 후에도 독서는 계속되었다.

그렇게 책 읽기를 3개월 정도 하니 책 읽는 것이 습관이 되었다. 독서를 처음 할 때는 눈이 굉장히 피곤했다. 점심 식후의 독서 시간은 특히 졸려웠다. 회의실로 가서 서서 독서를 했다. 그것도 습관이 되니 점심시간에 졸리던 현상이 없어졌다. 그렇게 독서를 반복할 수 있었던 건 부동산에 대해 몰랐던 사실을 알아가는 재미가 있었기 때문이다. 투자에 대한 간접 경험을 할 수 있게 된 것이다. 독서를 통해 성공한 사람들의 생각과 경험을 알게 된 것은 나에게 큰 감동과 재미를 선사했다.

내가 영어를 집중해서 공부할 때는 하루 3시간 하는 것을 목표로 했다. 그리고 매시간 해야 할 세부 목표를 정했다. 듣기, 말하기, 영작,

읽기의 순서를 정하고 계획된 시간에 나의 몸을 맞췄다.

내가 영어를 반복하며 훈련할 때 시간에 좀 더 집중하기 위해 활용했던 도구가 있다. '짐보스 타이머'라고 헬스장에서 운동할 때 쓰는 시간 반복을 알려주는 시계였다.

성인이 집중해서 뭔가를 할 수 시간은 10분이라고 한다. 당시 나는 하루 영어 공부와 훈련하는 데 3시간을 목표로 했다. 10분밖에 집중을 못 하는데 어떻게 3시간 동안 집중해서 영어를 공부할 수 있을지 고민이 되었다.

회사 업무를 마치고 퇴근하면 피곤해서 그냥 쉬고 싶은 날이 많았다. 그런 일상 생활 속에서 매일 3시간, 6개월의 목표는 쉬운 것이 아니었다. 그래서 고안해낸 것이 '짐보스 타이머'였다. 퇴근 후 카페로 가서 짐보스 타이머 시간을 맞춰놓고 듣고 말하기를 훈련했다.

25분 훈련, 5분 휴식, 6라운드 반복. 이렇게 해서 3시간의 시간과 싸웠다. 3시간이 힘든 날은 2시간으로 맞춰놓고 했다. 아무리 힘들어도 최소 2시간은 영어 훈련을 했다. 그렇게 6개월 정도를 보낸 후 나의 영어 실력은 몰라보게 향상되었다.

성공한 사람은 공통적으로 포기 직전까지 목표한 것을 반복해서 실천한다. 포기를 하지 않는다는 말이다. 역으로 생각하면 포기하지 않기 때문에 성공하는 것이다. 나는 영어를 반복해서 꾸준히 했기 때문에 잘하게 되었다. 그러나 영어를 잘하게 된 것보다 더 크게 느낀 점은 포기하지 않고 실행하면 결국에는 성공할 수 있다는 것이다. 그리고 작은 성공을 통해 자신감을 얻은 점이 나에게는 큰 의미다.

영어를 잘하기 위해서 나는 많이 외로워져야 했다. 반복 훈련을 위한 나 혼자만의 시간이 필요했다. 그러기 위해서는 친구들과의 만남 시간을 줄여야 했다. 그렇게 술자리를 줄이니, 건강까지 얻었다. 주말 공부를 위해서 가족들과의 여행도 뒤로 미뤄야 했다. 아내와의 주말 쇼핑도 잠시 중단해야 했다.

영어가 나의 다른 시간을 빼앗아갔다. 그러나 나는 즐거웠다. 영어를 잘하게 되면 만나게 되는 친구가 여러 나라에 생긴다고 생각했다. 여행도 국내에만 머무르지 않고 내 마음대로 어느 나라든지 자유롭게 다닐 수 있게 된다는 생각이 가슴을 뛰게 했다.

아내와의 쇼핑도 국내 백화점이 아니라 이탈리아, 스페인에 가서 좋은 물건을 싸게 쇼핑하러 돌아다닐 생각을 하니 흐뭇했다.

그리고 가고 싶은 미국의 저명한 인사가 주최하는 자기계발 세미나에도 참석해서 영어로 듣고 대화하는 모습을 상상했다. 그러한 상상의 힘이 영어를 훈련하는 데 나에게 큰 힘을 주었다.

영어 잘하기를 원한다면 영어와 함께 하루를 온전히 잘 보내보라. 하루에 2~3시간 정도 영어 공부 목표를 두었다면, 그대로 실행해보는 것이다. 하루, 이틀, 사흘…. 하루도 빠지지 않고 하다 보면 어느새 습관이 되기 시작한다.

그렇게 어느 날 갑자기 영어가 들리기 시작한다. 말하게 되는 단어가 늘어나고 발음도 원어민에 점점 가까워지는 자신의 모습을 볼 수 있을 것이다.

PART 04

눈부신 당신을 위한 8가지 영어 끝장내기 기술

학원 대신 카페를 가라

한국 사람이 영어를 발음할 때 가장 안되는 것이 'r', 'v', 'f', 'th' 발음이다. 자신은 미국 원어민이 발음하는 대로 따라 한다고 소리를 내는데, 들리는 발음은 'l', 'b', 'p', 's'로 들린다. 왜, 원어민처럼 발음되지 않을까?

결국, 방법은 원어민의 소리를 낼 때까지 훈련하는 것 외엔 없다.

요가, 헬스, 골프, 수영, 자전거 타기 등 운동을 하기 위해서는 그 운동 종목에 필요한 기본자세를 배워야 한다. 그래야 원하는 동작이 나오고 근육에 필요한 운동이 될 수 있다.

'r', 'v', 'f', 'th' 발음은 중학교 때부터 배웠다. 영어에서 가장 중요한 발음이다. 그런데 영어 선생님으로부터 이 발음을 배운 사람들이 왜 발음을 잘해내지 못할까? 배우기는 했으나 복습을 하지 않아서다. 연습과 훈련을 하지 않아서 못하는 것이다.

나와 함께 일주일에 한 번 영어 미팅을 하는 친구가 있다. 영어 수업을 들을 만한 시간이 별로 없어서 그동안 배운 영어를 까먹지 않기 위해 영어로 하고 싶은 말을 그 시간 동안 자유롭게 하기로 한 것이다. 처음에는 약간 어색했지만, 두 번째, 세 번째 미팅을 하니 서로가 좋은 시간임을 공감했다. 서로에게 영어로 프레젠테이션하면서 녹화도 하고 녹화한 것을 돌려본다.

영어로 말하는 것을 녹화해서 보니 잘 안되는 발음이나 문법, 어휘 등이 바로 티가 난다. 자신이 말한 것을 친구와 같이 시청하면서 영어에서 고쳐야 할 점이 무엇인지 바로 깨닫게 된다. 그 친구는 3분 이상 본인이 하고 싶은 말을 영어로 곧잘 말한다. 그런데 가장 귀에 거슬리는 부분이 'r', 'v', 'f', 'th' 발음이 전형적인 한국식 발음이다. 그리고 문장 사이에 'and the'라는 단어를 발음을 '앤드 더'라고 발음한다. 미국인들은 '앤더'라고 연음으로 발음한다.

발음 하나만 고쳐도 사람들은 굉장히 유창하게 말하는 것으로 인식한다. 조금만 발음 연습을 해주면 영어 실력이 바로 쑥 올라갈 것이다. 발음은 본인이 고치려고 노력해야지, 아무도 내 발음을 교정해주지 않는다. 나는 이러한 현상을 '학'과 '습'이 조화롭게 구성되지 못했기 때문이라고 생각한다. 배운 대로 익히는 것이 '학습'이다. 그런데 보통 사람들은 '학'은 있는데 '습'이 없을 때가 많다.

우리는 학교의 영어 선생님과 학원의 강사로부터 영어를 배운다. 그런데 보통은 배우고 나면 끝이다. 사람들에게 '습'의 시간이 없다. '습'의 시간은 본인 자신의 시간이다.

학교와 학원을 갔다 오면 영어로 떠들 수 있는 곳으로 떠나라. 집에서 영어로 떠들 수 있으면 집에서 떠들어도 좋다. 'r', 'v', 'f', 'th' 발음을 원어민처럼 할 수 있을 때까지 계속 반복해서 떠들어야 한다. 소리를 내서 익히는 방법밖에 없다. 떠들 수 있는 곳이면 어디에서든 상관없이 떠들어야 한다. 카페, 차 안, 공원, 출퇴근 길 등 소리를 내도 다른 사람에게 방해를 주지 않은 곳은 모두 좋다.

영어를 잘하기 위해서 이제 input(발음 배우기)과 함께 output(소리 내기)에도 집중하자.

우리는 선생님에게 참 많은 것을 배웠다. 그런데 기억에 남는 것이 별로 없다. 배우기는 했는데 내가 실행해본 것이 많지 않아서다.

영어를 잘하려면 영어로 사람들 앞에서 발표해보는 것이 가장 좋다. 그런데 사람들은 남 앞에서 발표하는 걸 가장 싫어한다. 다른 사람이 나를 보고 비웃을까 봐 걱정해서다.

10년 전, KAIST MBA 과정에서 1년 차 여름학기 수업이 있었다. 교수님이 영어로 강의하는 리더십 과목 수업을 들었다. 그때 조별로 과제를 한 후, 영어로 발표해야 하는 시간이 있었다. 우리 조에서는 내가 발표자로 뽑혔다. 발표해야 할 내용은 중국 문화에 관한 내용이었다. 파워포인트를 영어 단어와 문장, 그래프, 그림으로 꾸몄다. 그리고 영어로 발표할 내용을 A4 용지에 글로 적었다. 그리고 몇 번씩 읽어보았다.

발표 당일이 되니 긴장이 되었다. 40명 가까이 되는 동기생들과 교수님들 앞에서 평소에 쓰지도 않는 영어로 발표해야 했다. 영어로 질문받고 영어로 대답까지 해야 했다. 일상적인 생활에 대해 친구들끼리 영어로 묻고 답하는 시간이면 긴장하지 않을 텐데, 공식적인 발표 자리에서 영어로 발표하는 것은 정말 많이 긴장되었다.

그러나 그런 공식적인 자리에서의 영어 발표는 내가 영어로 발표하는 것에 대한 막연한 두려움을 없애주는 데 많은 도움을 주었다. 영어로 발표하기 위해 내용을 거의 외우다시피 하며 반복해서 보고 떠들었다. 그 시간이 나의 영어 수준을 조금씩 업그레이드시켰다.

《해리 포터》 시리즈의 저자 조앤 K. 롤링과 세계적인 작가 헤밍웨이는 카페에서 글을 썼다고 한다. 역사 속의 위인들과 현대인들은 카페를 작업공간으로 많이 활용한다. 카페를 찾는 이유는 창조적인 활동에 적합한 장소라서 그렇다.

카페에서 공부가 잘되는 이유는 백색소음(white noise) 때문이라는 주장이 많다. 도서관에서 아주 쥐 죽은 듯이 책을 읽고 공부하는 것보다

시끄러운 카페에서 공부하는 것이 오히려 더 집중이 잘된다는 이유에서다. 나도 영어를 집중적으로 훈련하면서 도서관도 많이 찾았지만, 소리를 내어 영어로 말해야 할 때는 카페를 많이 갔다.

2012년 미국 시카고대 소비자 연구저널은 50~70㏈의 소음이 완벽하게 차단된 상태보다 집중력과 창의력을 향상시킨다는 연구 결과를 발표했다. 2014년에 발표된 뇌과학연구 분야에서도 조용한 상태보다 약간의 소음이 있을 때, 집중력은 47.7%, 기억력은 9.6% 좋아지고 스트레스는 27.1% 감소한다고 발표했다. 또한, 너무 시끄러운 상태는 오히려 집중력을 방해한다고 했다.

차나 커피를 마실 수 있고 아늑한 조명과 편안한 의자가 있고 잔잔한 음악이 있는 곳은 많은 사람이 찾는다. 카페는 영어를 잘하기 위한 훈련의 장소로 아주 좋은 곳이다. 자유로운 분위기 속에서 내 마음대로 하고 싶은 만큼 말할 수 있어서 효과적이다. 도서관 같은 곳보다는 자유롭게 떠들 수 있는 카페는 영어를 듣고 말하기에 적당한 곳이다.

그리고 공부를 하다 보면 경쟁심리 같은 게 생겨서 스트레스를 받곤 하는데, 카페는 자유로운 장소라고 느끼기 때문에 경쟁심리 같은 게 생기지 않는다. 이제 학원에서 강사에게 영어를 배우고 나면 자유롭게 즐기며 영어를 익힐 수 있는 카페로 가자.

선택과 집중으로 훈련하라

나는 직장이 좀 멀어서 출퇴근하는 데 매일 왕복 4시간 정도 소요된다. 영어 공부는 하고 싶었고, 공부하는 데 시간을 내기는 쉽지 않았다. 그래서 하루 동안 영어 공부에 투입할 수 있는 시간을 어떻게든 짜내야 했다.

아침에 일어나서 세수하고 나면 출근을 위해 집을 나서기 전, 10~20분 정도의 짧은 시간에 영어 공부를 시작했다. 아침에 영어 말고 다른 것부터 시작하면 그날은 영어 공부가 이상하게 잘되지 않았다. 그렇게 아침을 영어로 시작했다. 5시 40분에 집을 나서면 출근 버스를 타기 전까지 15분 정도 시간을 쓸 수 있었다. 그 시간에도 영어 듣기 또는 말하기를 연습했다. 버스 안에서도 공부하곤 했지만, 흔들리는 버스 안에서 책을 읽는 것은 어려웠다. 그래서 듣기 위주로 영어를 연습했다.

회사에 도착하고 8시 업무 시작 전까지 20~30분 정도의 시간을 낼 수 있었다. 그 시간에도 집에서부터 시작한 영어를 계속 이어서 공부했다.

점심 시간에는 동료들과 같이 식당으로 가지 않았다. 영어를 공부하는 동안만큼은 나 혼자만의 시간이 필요했다. 그래서 아침에 회사 식당에서 가져온 샌드위치를 사무실에서 먹으면서 점심 시간 1시간을 영어 공부하는 데 보냈다. 이렇게 아침부터 약 2시간의 영어 공부 시간을 만들어냈다.

그리고 퇴근 후에는 적을 때는 1시간, 많을 때는 3시간 정도의 영어 공부로 시간을 보냈다. 이렇게 하루에 최소 3시간 이상을 영어를 공부하는 데 쓸 수 있었다. 출퇴근 시간이 길어서 영어 공부하기가 어렵겠다는 생각은 변명에 불과하다. 마음만 먹으면 얼마든지 시간을 만들어낼 수 있다.

뒤돌아 가만히 생각해보면 내가 그렇게 영어 공부하는데 시간을 쓸 수 있었던 것은 영어를 가장 우선순위로 뒀기 때문이다. 하루에 영어 공부의 목표 분량을 반드시 채워야 한다는 마음뿐이었다.

처음 시작할 때는 힘이 들었다. 업무를 하면서 쉬는 시간에 영어를 공부하는 것은 피곤한 일이었다. 하지만 1개월, 2개월, 3개월이 지나가면서 점점 습관이 되니 별로 힘이 들지 않게 되었다. 그렇게 1년 정도를 영어 공부로 하루하루를 보냈다.

출퇴근하는 평일에는 하루에 서너 번으로 나누어 짬짬이 영어를 계속 이어갔다. 그리고 주말에는 주로 오전 시간을 영어 공부하는 데 썼다. 도서관은 아침 7시에 문을 열었다. 나는 토요일이나 일요일 아침에 일어나면 오전 7시에 도서관으로 바로 직행했다. 늦어도 아침 9시 전에 도서관에 도착해서 영어 듣기를 점심 전까지 했다. 듣기 공부를 하다가 말하기를 해야 할 때는 가까운 카페로 자리를 옮겼다. 도서관에서는 시끄럽게 떠들 수 없기 때문이었다. 그렇게 나는 도서관과 카페를 내 집 드나들듯이 했다.

나는 시간과 장소를 선택하고 집중해서 영어 공부를 했다. 하루 네 번, 시간 분할 영어 공부를 1년간 했고, 장소는 도서관과 카페였다. 내 영어 실력을 가장 많이 향상할 수 있는 시간이었다.

그렇게 1년을 혼자서 영어 공부하는 시간을 보냈다. 그러고 나서 전화 영어를 선택해 5개월간 이것에 집중했다. 월요일부터 금요일까지 매일 12시에서 12시 20분까지 20분간 필리핀 원어민 강사와 '스카이프(SKYPE)'라는 무료전화 애플리케이션을 통해 영어로 대화를 해나갔다. 하루도 빠지지 않고 5개월 동안 전화로 영어 미팅을 했다. 100일간의 일정이었다.

한국 뉴스에서 주로 다뤘던 이슈, 비즈니스와 관련된 이슈, 내 생각과 경험 얘기, 찬반이 나뉘는 논쟁거리 등 대화의 주제는 매일 달랐다. 전화 영어를 시작하기 전, 미리 주제와 관련된 교재의 글을 읽고 질문에 대한 답을 미리 준비해야 했다. 전화 영어를 준비하는 데 1~2시간 정도 소요됐다. 전화 영어를 준비한 시간과 실제 전화 시간을 합하면 매일 1시간 반 이상을 썼다. 전화 미팅이 끝나면 강사가 바로 나의 발음, 문법, 어휘 등에서 수정해야 할 부분을 문자로 피드백해줬다. 그 부분도 굉장히 도움이 많이 되었다.

이렇게 나는 원어민과의 일대일 전화 영어를 통해 실제 상황에서 영어로 듣고 말하는 감을 익힐 수 있었다. 돈을 많이 들여 해외 어학연수를 가지 않아도 할 수 있었다. 전화 영어를 하기 전에 1년간 혼자서 영어를 읽고 듣고 영작하고 말하기 훈련을 했다. 그 기간이 지나고 나니 원어민을 만날 수 있게 되었다.

전화 영어까지 꾸준히 하고 나니 나의 영어 수준이 어느 정도 되는지 궁금했다. 그래서 회화 시험을 위한 오픽 시험 대비반을 찾아보았다. 오픽 시험을 위한 강의를 하는 곳은 많았다. 집에서 가까운 곳 중에 주말에 오픽 시험 강의를 하는 곳을 인터넷으로 검색하다 보니 강남역 인근에 있는 곳이 눈에 띄었다. 원어민 강사가 일대일로 지도하며 알려주는 곳이었다.

내가 경험한 이야깃거리를 실생활에 쓰이는 구어체 영문 스크립트로 만들었다. 그리고 그 스크립트를 원어민 강사가 녹음해서 줬다. 녹음 파일을 200~300번 들었다. 보통 한 개의 스크립트가 1~2분 정도 되는데, 200분 넘게 들은 것이다. 1분짜리 분량의 문장을 3시간 정도 들게 되는 셈이니 귀에 박히지 않을 수가 없다. 그렇게 반복해서 듣고 나서 원어민의 발음, 악센트, 억양, 뉘앙스와 똑같이 내 목소리로 녹음을 다시 했다. 녹음할 때는 내가 만족스럽게 느껴질 때까지 반복해서 소리 내서 녹음했다. 그러고 나서 원어민 강사에게 피드백을 받았다. 원어민과 같은 분위기로 영어 말하기에 점점 더 가까워지게 되었다.

오픽 시험은 얼마나 유창하게 말하는가를 평가하는 시험이었다. 질문에 답한 녹음 파일을 듣고 오픽 평가관이 평가하는 것이다. 강사와 마주 앉아서 일대일로 대면하며 대화를 주고받으면 좀 더 쉬울 텐데, 오픽 시험은 녹음된 질문에 내가 혼자서 계속 말을 해야 하는 게 쉽지 않았다.

보통 회사에서 영미권 주재원 파견 기준으로 삼고 있는 IH를 취득했다. 한 단계 더 높은 AL도 취득하고 싶은 욕심이 잠시 생겼다. AL 등급은 외국에서 오랫동안 살다 온 사람이나 원어민이 취득할 수 있는 수준이다. 내가 지금까지 해온 방식으로 조금 더 공부하면 AL등급 취득은 문제가 없다고 생각한다. 그러나 나는 역시 시험을 위한 영어 공부는 지양하고 싶다. 영어 공부를 할 때 1년의 기간을 하루도 빠짐없이 지속할 수 있었던 것은 재미있었기 때문이다. 재미를 잃어버리면 금방 지쳐버린다.

내 경험상 토익 600점 정도 수준의 사람이 영어의 귀를 뚫을 수 있는 집중 기간은 3개월이다. 직장에 다니며 3개월 동안 매일 3시간 이상 기본 어휘로 반복 청취를 하면 가능하다. 그리고 말하기 훈련을 3개월 정도 집중해서 한다. 그러면 원어민을 만나 자신이 하고 싶은 말을 1시간 이상 할 수 있는 수준이 될 수 있다. 6개월 동안 매일 3시간을 목표로 영어로 듣고 말하기 훈련을 집중해서 한다면, 몸무게 10kg 감량 다이어트와 같은 결과를 볼 것이다.

우리는 좋아하는 일이나 꼭 해야 하는 일에 대해서는 그것을 제일 먼저 한다. 그렇게 하지 않으면 다른 일상의 순서도 흐트러지고 일의 효율도 오르지 않기 때문이다. 특히 마음의 정리가 되지 않는다. 마찬가지로 영어를 잘하고 싶다면 영어에 최우선 순위를 두고 선택과 집중을 하면 된다.

말문이 터지는 집중 영어 훈련 3단계

알아듣지도 못하고 말도 못하는 내 영어의 첫 번째 문제는 단어였다. 미국 영화를 보거나 뉴스를 들을 때, 또는 외국인과 대화할 때 무슨 말인지 못 알아듣는 가장 큰 원인은 단어를 못 알아듣는 데 있다. 그리고 영어로 하고 싶은 말이 있을 때, 말이 나오지 않는 것은 단어가 생각날 듯 말 듯하거나 발음을 잘못 알고 있거나 혹은 단어를 아예 모르는 경우가 대부분일 것이다.

중학교 때부터 내가 영어 단어를 공부한 걸 보면 단어 한 개를 빈 노트에 열 번 이상 적었다. 많으면 100번 적으며 외울 때도 있었다. 그리고 영어 사전의 발음기호를 보고 발음을 흉내 내기도 했다. 영어 테이프로 들을 때도 있었다. 그렇지만 입으로 소리 내기보다는 주로 듣기만 했다.

회사에서 승격 시험에 통과하기 위해 봤던 영어 시험은 토익이었다. 토익은 주로 듣고 지문을 보며 질문에 답하는 시험이었기에 영어로 말할 필요가 없었다. 그때 어휘를 공부한 것이 '해커스 보카'였다. 주로 비즈니스에 관련된 용어들이었다. 마케팅, 생산, 구매, 품질, 홍보 등을 위한 회사 생활에 필요한 용어들이 정리된 단어장이었다. 이것을 노트에 써가며 외우려고 했다.

나는 불과 5년 전까지만 해도 영어 단어를 볼펜을 가지고 다니면서 노트에 단어 한 개, 한 개씩 쓰면서 외웠다. 그러나 이렇게 외우다 보니 시간이 조금만 지나도 금방 잊어버렸다. 마구잡이로 집어넣는 단어는 나의 머릿속에 오래 남아 있지 않았다.

3년 전, 영어를 다시 시작하면서 단어의 암기 방법을 바꿨다. 단어를 노트에다 적으며 외우는 것이 아닌, 그냥 MP3 파일에 저장해두고 그 단어를 계속 반복해서 듣고 반복해서 따라 말했다. 원어민 발음과 똑같이 말하려고 노력했다. 그리고 각 단어의 뜻이 이해되고 암기가 됐는지 단어 하나하나마다 점검해나갔다. 발음도 어렵고 이해가 안되어 암기가 잘 안되는 단어는 두 번, 세 번 표시해두었다.

노트에 써가며 외웠던 단어가 머릿속에서 금방 잊혔던 것과는 달리,

반복해서 듣고 반복해서 소리 내며 몸으로 익힌 단어 훈련은 효과가 있었다. 기억에도 오래 남고 저절로 그 단어가 입에서 튀어나올 때가 있었다. 그렇게 몸으로 단어를 익힌 후에는 그 단어들이 포함된 예문으로 듣기 훈련을 했다. 예전에는 문장을 쓰면서 외웠던 것을 오로지 귀와 입에만 의존해 연습했다.

또 한 가지, 유의해서 훈련했던 부분은 듣기와 말하기를 반복할 때, 마지막에는 한글 번역본을 보지 않는다는 것이었다. 단어를 익힐 때는 이해가 되고 암기가 되었어도 문장을 익히는 단계로 넘어가면 문장 속에서 똑같은 모양의 단어라도 쓰이는 뜻이 달라졌다. 그래서 순간적으로 이해를 못 하고 넘어가게 되는 경우가 많았다. 그럴 때 한글 번역본을 자주 보게 되었다.

문장 반복 듣기를 계속하면서 문장마다 달라지는 단어의 뜻을 이해했다. 그렇게 해서 90% 이상 이해가 될 때 문장을 듣고 따라 말하는 훈련을 했다. 요즘 용어로 말하면 섀도잉 훈련이었다. 성우가 말하는 한 개의 문장을 다 듣고 나서 따라 말할 때도 있었고, 문장의 단어 하나하나 말할 때마다 바로 이어서 따라 말하기도 했다. 이러한 섀도잉 방법으로 소리를 내어 영어 문장을 따라 말하는 것은 정말 좋은 말하기 훈련 중 하나라고 느꼈다.

단어 익히는 방법과 마찬가지로 문장을 소리 내 훈련하는 것은 수영장에서 물속에 들어가 수영을 배우는 느낌을 느끼게 해줬다. 이미 만들어놓은 단어와 문장을 반복해서 듣고 따라 말하는 것은 아주 좋은 영어 훈련법이었다. 그러나 내가 하고 싶은 말을 하려고 할 때는 머릿속에서 바로 문장이 만들어져 입으로 나오지 않았다.

그래서 보완책으로 훈련했던 것이 영작이었다. 매일 열 단어 이상의 문장을 10~20줄 정도 영어로 내 생각과 경험을 적었다. 만들어져 있는 문장을 따라 말하기만 했던 것에 비해 영작 훈련은 내가 말하고 싶은 말을 입에서 바로 튀어나올 수 있게 해주었다. 그리고 기존에 만들어져 있는 예문 문장에 대해서도 한글로 번역된 문장을 보고 영어로 바꿔 번역해서 말해보는 훈련도 했다. 이런 영작 훈련은 직청직해를 하는데 아주 많은 도움을 주었다.

나는 10,000개가 넘는 단어와 예문 문장을 이런 방법으로 몸으로 익혔다. 미국의 토크쇼 같은 방송에서 사람들의 대화 내용이 들리고 이해되기 시작했다. 직장에 다니며 단어와 문장을 반복해서 듣고 소리 내서 따라 말하는 훈련은 6개월 넘게 지속됐다.

다음 단계로 나의 이야깃거리를 만들고 그것을 실생활에서 쓰이는 구어체 영어로 바꿨다. 그리고 영어 문장을 원어민이 발음하고 녹음한다. 나는 그것을 200번 반복 듣기 한다. 그리고 이어서 말하기를 연습한다.

예를 들면, 내가 속초에 가족들과 같이 여행을 다녀온 이야깃거리를 만든다고 해보자.

"최근 쇼핑? 어, 사실 나 지난 연말에 그러니까 한 2달 전쯤? 그때 가족이랑 속초로 여행 가서 쇼핑을 즐겼어. 사실 아내가 가자고 제안해서 갔는데. 생각해보니 가족이랑 휴가 보낼 수 있을 때가 딱 그때 연말밖에 없는 것 같아서 그래서 이렇게 가게 되었어. 사실 내가 속초에 대한 정보도 없이 그냥 간 거였는데, 진짜 좋았어. 왜냐하면 지금도 기억에 남는 건데, 거기 시장이 하나 있었는데, 먹을거리도 많고 가격도 쌌어. 게다가 맛있었어! 특히 감자전이 가장 기억에 많이 남아. 반죽이 뭔가 특별했어. 그래서 아무튼 기억에 엄청 많이 남아. 가족들이 또 한 번 다시 가서 그거 먹자고 이야기를 해! 그래서 아무튼, 어, 쇼핑도 그래서 그때 속초에서 즐겼는데, 너무 재미있었어. 우리 가족들도 좋아했고. 그런데 내가 아까 말했듯이 무엇보다도 시장에서 감자전 먹은 게 가장 생각이 많이 나는 것 같아. 그래서 언제 휴가 때 한 번 가족이랑 다시 놀러 가려고 해."

이렇게 나의 경험을 한국어 스크립트로 만든 후, 영어 문장으로 번역한다.

"Shopping recently? Uh actually…. on the year end so… it was like 2 months ago? At that time I went to 속초 with my family for holiday and enjoyed shopping there… and in fact my wife suggested to go there and I thought it's the only time to go on vacation with my family so we decided to go~! Uh…. and as a matter of fact I didn't have any information about 속초 but just went there and it was really good because it was memorable… I mean there was a big market with lots of things to eat and it was very cheap… besides it tasted so good too! Especially the most memorable one was 감자전 which is like uh…. potato pancakes? And it's made of a kind of a special potato dough and this was so unforgettable! So actually my family wants to go and eat it again~~! So… anyways… uh… so actually we enjoyed shopping there at 속초 and it was good too because my family loved it… but… as I mentioned earlier the best thing was the potato pancakes so… someday I'm hoping to go on holiday to 속초 again with my family… very soon!"

나의 스토리를 영어로 만든 후에는 원어민의 음성으로 녹음 후, 반복해서 듣고 따라 말하기 훈련을 했다. 그리고 내가 영어로 말하는 것을 녹음했다.

훈련 방법을 요약하자면 다음과 같다.

1. 단어 반복해서 듣고 따라 말하기(95% 이상 암기되었을 때 통과)
2. 문장 반복해서 듣고 따라 말하기(95% 이상 따라 말하기 할 수 있을 때 통과)
3. 나의 스토리를 영어 구어체로 만든 후, 원어민 발음으로 녹음 후 반복해서 듣고 따라 말하고 녹음하기(나의 스토리 반복 듣기 200번 이상하고 말하기)

나는 이렇게 단계별 영어 훈련을 통해 영어의 말문을 틔울 수 있었다.

영어, 운동처럼 훈련하라

5년 전까지 영어를 잘하지 못했을 때의 나의 영어 공부법은 교재 하나 사서 그냥 무작정 공부하는 것이었다. 공부 목표나 계획이 없었다. 영어 공부를 마치는 데 얼마나 시간이 걸릴지도 몰랐다. 《Grammar In Use》와 같은 문법 교재, 《Vocabulary 22,000》과 같은 어휘 교재를 사서 그냥 읽어나갔다. 그러나 며칠 공부하다가 중도에 소리 없이 교재는 내 손에서 멀어져갔다.

그리고 그 당시 내 영어 학습은 머리로만 하는 지식 공부였다. 그래서인지 내 몸에 영어라는 게 남아 있지 않았다. 공부한다고 했지만, 공부한 내용이 내 머리에서 연기같이 사라졌다. 아니 공부한다고 했던 말이 입에서 튀어나오지를 않았다.

공부한다고 했던 영어가 말이 아니라 언어학을 배운 것이다. 머릿속에 지식으로만 남았다. "아, 영어는 5형식 문장까지 있지. 말할 때 시제를 잘 구별해서 이야기해야 하지. 우리나라와 다른 발음은 r, v, f, th이지"와 같이 머릿속에는 영어 이론이 들어 있었다. 그러나 내 몸에는 익혀지지 않았다.

이제는 영어도 운동처럼 훈련 계획을 세우고 몸으로 익혀야 한다. 훈련하고 나면 기록도 재야 한다. 운동처럼 매일 훈련 결과의 기록이 필요하다. 운동처럼 영어도 훈련한 만큼만 실력이 향상된다. 갑자기 뚝딱하고 잘하게 되는 종목이 아니다.

하루에 몇 개의 단어를 외울 것인지, 몇 번 소리 내서 발음할 것인지 계획을 세워야 한다. 문장도 몇 번 들을 것인지, 그리고 몇 번 소리 내서 말해볼 것인지 훈련 계획이 필요하다. 그리고 계획대로 실행했는지 기록해야 한다. 영어 문장을 보고 읽고 이해는 되는데 그 문장을 보지 않고 바로 말할 줄 모르면 모르는 것이다. 머리로만 이해한 것이다. 실제로 몇 % 암기가 되었는지, 훈련한 문장 중 몇 % 말할 수 있는지 목표에 대한 실적 기록도 중요하다. 그래야 다음 단계로 갈 수 있을지 판단할 수 있다.

특히 영어 훈련을 할 때는 입을 활발히 움직여야 한다. 영어의 r, v, f, th 발음 때문에 의도적으로 입과 혀를 단어와 문장의 발음에 맞게 움직여야 한다.

한국어를 말할 때처럼 입과 혀를 움직이면 원어민이 못 알아듣는다. 입도 근육이다. 근육 운동을 해주지 않으면 근육이 발달하지 않는 것처럼, 영어로 말할 때의 입 모양을 잘 보면서 그대로 따라 하는 연습을 해야 한다. 영어 훈련을 많이 하다 보면 드라마나 영화에서 배우가 무슨 말을 하는지 입 모양만 보고서도 알 수 있다.

또 하나, 영어를 운동처럼 훈련해야 하는 이유는 한국말을 하는 사람들끼리 대화를 주고받을 때 말을 좀 느리게 하는 상대방이 있다면, 좀 답답한 것을 느꼈을 때가 있을 것이다.

영어로 대화할 때도 마찬가지로, 상대 중 한 명이 상대방의 말에 늦게 반응하면 먼저 말을 건넨 사람이 답답함을 느끼고 대화를 원활하게 하기가 어려워질 것이다. 그래서 대화할 때 상대방과 속도를 맞출 수 있는 말하기의 훈련이 필요하다. 상대방이 영어로 말하는 것을 듣자마자 알아들어야 한다. 그리고 내가 하고 싶은 말도 입에서 영어로 바로 튀어나올 수 있도록 훈련이 필요하다.

처음에는 한국어를 영어로 다시 번역하는 시간이 필요하기에 상대의 말에 반응하는 속도가 느리다. 그러나 반응 속도를 점점 줄여가기 위해 반복 훈련을 하다 보면 0.1초 만에 무의식적으로 내가 하고 싶은 말이 바로 튀어나오게 되는 것을 경험할 것이다. 그렇게 하려면 될 때까지 무한 반복 훈련이 필요하다. “How are you?” 하고 물으면 “I'm fine, thank you. And you?"라고 바로 대답이 나오는 것처럼 말이다.

영어 훈련을 하다 보면 별로 실력이 늘지 않고 정체된 느낌이 들 때가 있다. 하지만 정체된 느낌이 들더라도 실력이 나아지지 않는 게 아니다. 몸은 점점 적응되어가는데 뇌에서는 아직 받아들이지 않는 것뿐이다. 열심히 하는데도 실력 향상이 안 된다고 느낄 때, 중단하지 말고 더 열심히 하자. 그때 실력이 향상된다.

중국 극동 지방에는 모소 대나무라는 희귀 대나무가 있다. 모소 대나무는 씨앗이 뿌려진 후, 4년 동안 거의 자라지 않는다. 모소 대나무를 모르는 사람들은 4년이 절대 짧지 않은 시간이기에 성장이 멈춘 것이라 생각한다.

하지만 5년째 싹이 땅을 뚫고 나온 후부터는 하루에 30cm 정도씩 자라기 시작해서 6주 만에 15m 이상 자라게 되고, 순식간에 울창한 숲을 만든다. 성장을 멈춘 것처럼 보였던 시간 동안 땅속에서 깊고 단단하게 뿌리를 내려 어느 순간 폭발적인 성장을 이뤄내는 것이다.

굉장히 노력하는데도 성과가 보이지 않는다고 그만두면 그것으로 끝난다. 노력하지 않은 것보다 못할 수도 있다. 남들이 알아주지 않아도 끝까지 노력하는 사람들이 성공하는 것을 우리는 많이 봐왔다. 그들은 모소 대나무처럼 뿌리를 깊게 내리고 크게 성공하는 날을 끝까지 기다린 것이다.

내가 원어민이 아닌 이상 영어는 해도 해도 부족하다고 느껴진다. 그래서 계속 배우고 훈련하는지 모르겠다.

나는 영어를 훈련하면서 내 수준보다 두 단계, 세 단계 높은 목표를 두고 실행했다. 그러다 보면 한 단계 높은 수준은 당연히 달성하게 됐다. 그것을 실행하면 이번에는 두 단계를 올라가게 되었다. 오픽으로 따지면 AL을 목표로 두고 IL에서 시작해서 IM1 ➡ IM2 ➡ IM3 ➡ IH 순으로 올라간 것이다.

수영도 기초부터 고급 단계까지 가려면 1~2년 정도가 걸린다. 영어 훈련을 할 때도 수영을 배운다고 생각하고, 2년 안에 영어 고급반에 도달하겠다는 목표로 하면 될 것이다. 적어도 영어를 사용하는 영미권 지역에서 업무를 보는 데 지장이 없는 정도의 실력을 목표로 정해 영어를 훈련하면 평생 '영어 공부할 걸…' 하고 후회하는 일은 없을 것이다.

영어가 필요하다면 이제 단계마다 훈련 계획을 세우고 실행한 후 점검해나가자. 단계마다 수준 체크는 필수이고 그 단계의 실력이 되면 다음 단계로 넘어가면 된다. 가장 중요한 것은 실행이다.

우리나라가 10위권 안에 드는 경제 대국으로서 신진국 대열에 올라선 것처럼 영어 구사력 면에서도 영어를 잘하는 10위권 국가 안에 들면 좋겠다.

영어의 공부 방법을 훈련식으로 바꾸고 중·고등학교와 대학교에서 영어 배우는 것으로 끝마쳤으면 좋겠다. 이제는 직장에 다니며 다시 영어를 배우는 데 많은 시간과 비용을 들이지 않기를 바란다. 매년 실패하며, 영어를 또 공부하는 시간 대신에 차별화된 제품과 서비스를 만드는 데 시간을 들이게 된다면 우리나라가 조금이라도 더 잘살지 않을까 생각한다.

과거 문법 중심의 암기식 영어 공부에서 탈피하자. 자기 수준을 점검하고 반복적인 듣고 말하기 훈련을 계속하면 자신이 원하는 영어를 구사하게 된다.

듣기, 읽기, 쓰기, 말하기 도구를 활용하라

2년 전, 매일 점심시간에 영어 원어민 강사와 5개월간 전화 영어를 했다. 당시 원어민 강사는 영어 발음이 완전히 미국식이던 일본계 필리핀 여성이었다. 필리핀 마닐라에 사는 그녀는 세 살 아기의 엄마였다.

그녀는 전화 영어 업무를 새벽 6시부터 밤 11시까지 한다고 했다. 나는 '전화 영어 강사를 하는 일도 쉽지 않겠다'라고 생각했다. 그러나 필리핀에서 전화 영어 강사를 하는 건 좋은 직업에 속한다고 한다. 매일 12시 20분만 되면 정확히 그녀로부터 전화가 왔다. 활력이 넘치는 목소리였다.

"How are you today?"(오늘 어때요?)라며 강사가 먼저 말을 건네온다. 그러면 나는 날씨로 이야기를 시작한다.

"It's very hot, humid and sticky here."(여기는 너무 덥고 습하고 끈적끈적해요)

"How about Philippines weather?"(필리핀 날씨는 어때요?)

그러고 나면 그날 해당하는 영어 토픽으로 강사와 대화를 한다.

Unit 19. Unemployment

Park, a 28-year-old university graduate, feels more anxious than ever before. He has just finished his second internship at a big firm, with no full-time job lined up. Park, who holds a double degree in business and international relations, has applied to about 60 companies since January, but was only interviewed by three firms that eventually did not offer him any positions.
"I spent an extra year after graduating high school to take my college entrance exam again, and I spent two years in the military," Park told The Korea Herald. "I also took a year or two during my university years to travel the world and study for the bar exam, which I eventually gave up. I regret taking those years off now because I feel like I'm falling behind everyone else."

Seoul Institute's Kim echoed the concerns.
"Increasing number of contract jobs may raise the employment rate temporarily," he wrote. "But in the long run, it can't really be a solution to the essence of the problem. The limited job security among the young population is linked to many other social problems, including the rise of single households and low fertility rate."

English Quote Reading

Why are people unemployed? Because there is no work. Why is there no work? Because people are not buying products and services. Why are people not buying products and services? Because they have no money. Why do people have no money? Because they are unemployed.

(Craig Bruce)

"About this, I think..."

Teacher's School Learning Material

예를 들어, 그림과 같이 실업에 관한 이슈에 관해 대화할 때 강사와 내가 번갈아가며 지문을 읽는다. 읽으면서 바로 의미를 파악한다. 그러면서 나는 원어민 강사의 발음도 주의 깊게 듣는다.

지문을 다 읽고 나면 실업에 관한 이슈에 대해 내가 하고 싶은 말을 미리 정리해두었던 것을 가지고 영어로 말을 한다. 전날 나는 다음 날 공부할 이슈에 대해 내가 생각한 것을 미리 영어로 썼다. 그렇게 준비해서 수업에 임한 날은 전화 영어가 매우 알차게 진행되었다.

읽을거리가 매일매일 다르고 재미있어서 나는 전화 영어 수업을 오랫동안 할 수 있었다. 또한 강사의 열정은 내가 전화 영어에 계속 참여하고 싶은 의욕을 불러일으켰다.

이렇게 영어 글을 읽고 듣고 내가 하고 싶은 말을 영어로 바꾸어 내 입으로 말해보는 전화 영어 시간은 나의 영어 말하기 실력에 많은 도움이 되었다. 전화 영어는 아주 훌륭한 영어의 도구다. 기본 어휘력을 갖추고 나면 전화 영어에 도전해볼 것을 적극적으로 권한다.

어떻게 나는 전화 영어를 통해 영어 실력이 향상된 것일까? 그것은 읽고 듣고 쓰고 말하기를 동시에 했기 때문이라고 생각한다. 과거에는 단어장 따로, 문법책 따로, 독해 책 따로, 회화책 따로 공부했다. 마치 읽고 쓰고 듣고 말하는 게 별개인 것처럼 영어를 지식을 쌓는 과목으로써 공부했다.

그러나 강사와 일대일로 전화 영어를 하며 읽고 듣고 쓰고 말하기를 동시에 했던 것이 나의 영어 학습법에서의 큰 변화였다.

그리고 많이 읽은 사람이 잘 들을 수 있고, 많이 읽은 사람이 잘 말할 수 있다는 것을 깨달았다. 듣기, 읽기, 쓰기, 말하기가 서로 도움을 줄 때, 영어를 잘하기 시작한다는 것을 경험했다.

5개월 동안 전화 영어를 하면서 200쪽 분량의 이슈를 읽고 듣고 질문에 미리 답을 준비하며 그것을 말하는 시간은 과거에 내가 배웠던 영어와는 완전히 달랐다. 과거에 토익 시험을 중심으로 듣기 읽기 능력만 키웠던 나는 말하기 능력이 없어 능숙하게 자기 생각을 말할 수 없었지만, 이제는 그렇지 않다.

전화 영어 외에 내가 듣기 훈련을 하면서 가장 많은 도움이 되었던 것은 '이어플립'이라는 애플리케이션이다. 영어 단어나 문장 듣기를 할 때 발음이 잘 안 들리거나 이해가 안 될 때 구간을 정해놓고 반복해서 들을 수 있는 기능을 아주 쉽게 사용할 수 있어 유용했다.

스마트폰에 '이어플립'을 설치하고 MP3 파일을 '이어플립'에 저장해서 사용하면 된다. A와 B 구간을 설정해놓고 플레이 버튼을 누르면 무한 반복 재생이 된다. 이해가 안 되는 단어와 문장이 이해될 때까지 반복해서 듣고 다음 단어와 문장으로 넘어가면 된다.

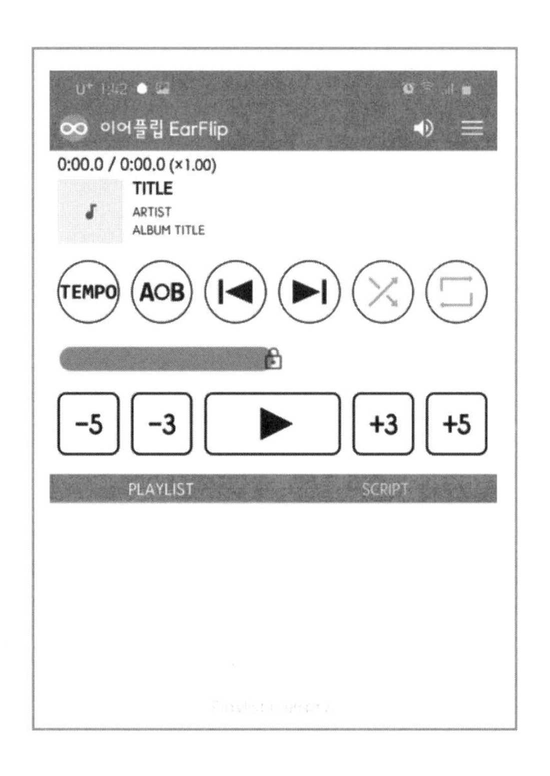

말하기 훈련을 할 때 훌륭한 도구는 스마트폰의 음성 녹음 애플리케이션이다. 자신이 영어로 말한 내용을 녹음하고, 녹음한 것을 다시 들어보면 어느 부분이 이상한지 바로 알 수 있다. 자신이 말하는 것을 다시 들어보고 교정해나가는 것은 말하기 훈련에 아주 큰 도움이 된다.

최근에 영어를 읽고 듣고 쓰고 말하기 훈련을 종합적으로 할 수 있는 기능이 많이 개발되고 있다. 많은 시간과 비용을 들여가며 해외에 나가서 어학연수를 하지 않아도 된다. 국내에서 영어 실력을 갖출 방법은 많다.

창피해도 자신을 녹화하라

나는 말레이시아로 몇 차례 출장을 다녀왔다. 주로 말레이 현지 직원 교육을 위한 출장이었다. 처음 출장 갔을 때 놀랐던 것은 그들이 영어를 너무 잘한다는 것이었다. 미국식 발음은 아니었지만, 자신이 하고 싶은 말을 어렵지 않은 단어와 간결한 문장으로 능숙하게 잘 표현했다.

나는 미국식 영어 발음에 익숙해서인지 첫 일주일 정도는 말레이시아인들의 영어 발음을 잘 알아듣지 못했다. 그러나 시간이 지날수록 말레이시아인들 특유의 영어 발음을 반복해서 듣고 알아들을 수 있었다. 마찬가지로 말레이시아 사람들이 한국에 처음 와서 한국식의 영어 발음을 들으면 잘 알아듣지 못할 것이다.

말레이시아 사람이 미국 원어민의 발음으로 영어를 하지 않지만, 의

사소통에 전혀 문제가 없다. 그들은 미국 사람의 말을 아주 잘 알아듣고 말레이시아식의 영어로 말한다. 말레이시아식 영어지만 영어를 항상 사용하는 문화가 되어 자연스럽게 영어로 의사소통한다.

그러나 한국 사람은 왜 외국인 앞에만 서면 영어 울렁증이 생기는 걸까? 영어에 대한 콤플렉스가 있어서다. 영어를 틀리지 않고 완벽하게 말해야 한다는 부담감을 느끼고 있다. 특히 문법적으로 틀리게 말하면 외국인이 못 알아들을까 봐 고민한다. 문법을 배운 대로 말해야 한다는 강박관념이 있는 것이다.

그리고 원어민처럼 발음해야 한다는 고정관념이 있다. 영어는 아주 유창하게 해야 한다는 생각이 마음속에 자리 잡고 있어 영어를 유창하게 하기 전까지는 말을 아끼려고 한다. 하지만 비록 콩글리시 발음이더라도 자신감 있게 단어를 조합해서 말하면 외국인은 다 알아들을 것이다. 내가 말레이시아인의 영어를 들을 때 꼭 그런 느낌이었다. 한 개의 문장을 이야기하더라도 쉬운 단어로 쉽게 말을 한다는 것을 느꼈다.

영어에 관해 이야기하다 보면 반기문 전 유엔 사무총장님의 연설 영상에 관한 이야기를 안 할 수가 없다. 반 전 총장님의 연설할 때의 동영상을 보면 굉장히 놀라게 된다. 우리가 상상하는 그런 영어 발음이 아니다. 유엔에 근무하는 분의 연설이라면 미국 원어민처럼 아주 유창한 발음과 제스처가 있는 프레젠테이션을 연상할 것이다.

그러나 반 전 총장님은 영어 발음도 그렇게 좋지 않고, 말의 속도도 느리다. 내가 원어민이라면 답답할 것 같은 생각이 든다. 그러나 연설이 끝나자 많은 사람이 기립박수를 쳤다. 반기문 전 사무총장님이 원어민처럼 유창하게 발표는 하지 않았지만, 생각이나 견해를 정말 효과적이고 설득력 있게 전달한 것이다. 외국 인사들도 그런 반기문 전 총장님의 연설을 정확하게 이해할 수 있다고 한다.

우리는 영어를 잘한다고 하면 보통 외국 원어민들처럼 발음하고 억양도 뭔가 외국인답게 해야만 하는 걸로 인식하고 있다. 그러나 발음이 좋다고 영어를 꼭 잘한다고 할 수는 없다. 가수들이 외국 영어 노래를 원어민 뺨치게 좋은 발음으로 부르는 걸 볼 수 있다. 발음은 수없이 반복해서 연습하면 잘할 수 있는 것이란 걸 알 수 있다.

말레이시아인들이 미국 원어민 발음으로 영어를 하지 않더라도 쉬운 단어와 간단한 문법을 사용해서 자기 생각을 정확히 표현하는 것처럼, 그렇게 하는 것이 정말 영어를 잘하는 것이다.

나는 과거에 말하기보다는 듣기를 중심으로 영어를 배웠다. 그러다 보니 일상생활에서 영어로 말할 기회가 별로 없었다.

1980~1990년대에는 영어를 조금만 잘해도 많은 기회를 얻을 수 있었다. 내가 신입사원으로 입사했던 시기에는 회사로부터 영어 학원비도 지원받았다. 그리고 영어 등급을 취득하면 100만 원 이상의 포상을 받기도 했다. 그 정도로 경제성장 고도기에는 영어를 잘하는 사람이 우

대받았다. 그만큼 영어를 잘하기가 어려웠기 때문일 것이다.

1970~1980년에는 중·고등학교 한 개 반에 학생 인원이 60명이 넘었다. 그러니 영어 수업을 하는 1시간 동안 몇 명이나 선생님과 영어로 이야기를 할 수 있었을까?

최근에 직장 동료들과 영어에 관해 토론할 때가 있었다. 그중에 나이가 좀 많은, 영어에 관심이 많은 L 차장과 내가 영어로 자유롭게 대화하는 시간을 갖자고 의견을 모았다.

첫 미팅 때는 자신의 관심 분야를 영어로 말하고 그냥 들어주는 시간을 가지고, 그다음부터는 영어 말하기 미팅을 좀 더 효과 있게 하려고 녹화를 했다. 녹화하면서 영어 말하기를 하니 영어에 좀 더 집중할 수 있었다. 그리고 녹화 후에 영상을 돌려보면서 좀 어색한 부분과 고쳐야 할 발음과 어휘 등을 서로 말해주었다. 역시나 한국인이 영어를 말할 때 가장 많이 나타나는 r, v, f, th의 콩글리시 발음이 L 차장에게도 나타났다.

영어로 말하는 것을 녹화해서 서로 피드백해주는 방법은 아주 좋았다. 말할 때 어느 부분을 잘하고 있는지, 뭘 고쳐야 할지를 바로 확인할 수 있었다. 자신이 하고 싶은 말을 영어로 프레젠테이션하고 그것을 녹화한 후 보완해야 할 점을 찾아가는 것은 영어 말하기 방법 중에 가장 효과가 있다고 생각했다.

영어로 프레젠테이션하기 위해 보통 영어 스크립트를 준비한다. 그리고 그 스크립트를 반복해서 본다. 스크립트를 보며 거의 외우다시피 하며 연습한다. 이렇게 본인 혼자서 발표해야 할 때는 미리 스크립트를 준비하는 게 좋다.

그러나 대화할 상대방이 있는 경우에는 미리 스크립트를 준비하더라도 준비한 시나리오대로 대화가 안 되는 경우가 있다. 그 때문에 영어 대화에서도 임기응변이 필요할 때가 많다. 외우지 말고 자유롭게 말하기가 필요하다.

외국인 앞에만 서면 영어 울렁증이 생기는 것을 해소하려면 우선 카메라 앞에서 혼자 영어로 말하는 것을 녹화해보자. 그리고 녹화된 장면을 보며 어색한 부분을 다듬어 연습하고 다시 카메라 앞에서 녹화해보자. 자기 자신을 먼저 카메라로 비춰보면 실제 외국인을 만났을 때 기죽지 않는다. 불안해하지도 않고 자신감 있게 할 말 다 하는 자신을 만나보게 될 것이다.

그리고 영어 잘하는 사람들의 프레젠테이션 동영상을 보고 그대로 따라서 해보자. 그리고 녹화해보자. 그런 연습이 영어를 잘하는 훈련으로써 굉장한 도움이 될 것이다.

반복 학습에도 규칙이 있다

5년 전, 회사에서 하는 업무를 좀 더 전문적으로 하기 위해 공인노무사 자격 취득에 도전했다. 비법대생인 내가 법전을 배우는 건 외래어를 배우는 거나 마찬가지였다. 다행히 법전들의 글자가 한글로 되어 있었다. 예전에는 한자로 되어 있었다고 했다. 그런데 한글로 된 글자인데도 도무지 이해할 수 없는 문장들이 많았다.

공인노무사 1차 시험과목은 민법, 노동법 1, 노동법 2, 사회보험법이 필수로 지정되어 있었다. 그리고 경영학 개론과 경제학 개론 중 한 개의 과목을 선택해서 시험을 치르게 되어 있었다.

민법부터 험난한 공부의 시작이었다. 일반 사람들이 알아두어야 할 법이었는데 보통 사람들이 혼자서 공부하기에는 어려운 법과 판례였다.

노동법 1은 근로기준법, 최저임금법, 근로자복지기본법 등 개별적인 근로관계를 다루는 법이었다. 노동법 2는 노동조합 및 노동관계 조정법, 노동위원회법 등 집단적 노사에 대한 내용이었다.

직장 생활을 병행하며 공부해야 했기에 퇴근 후에 주로 온라인으로 수업을 들으며 집중적으로 공부했다. 주말에는 서울대 인근의 신림동에 있는 법학원에 가서 특강을 들을 수 있었다. 온라인 수업만 약 600시간을 들었다. 퇴근 후 하루 3시간 공부를 목표로 6개월 정도를 법 공부와 싸웠다.

그런데 온라인 과정의 수업만 듣기에도 벅찼다. 공부해야 할 분량이 너무 많았다. 시험 날짜까지 암기하고 이해해야 할 내용을 충분히 숙지하기가 어려웠다. 강의를 듣고 나면 암기와 이해를 위해 혼자서 정리하고 복습을 해야 하는데 강의 수강 듣는 데 진도를 나가는 것만도 벅찼다.

결과적으로 공인노무사 시험은 낙방했다. 나름대로 시험을 위해 공부한다고 노력했지만 역부족이었다. 변호사들도 공인노무사 업계로 전향한다는 얘기를 들을 정도였다. 그만큼 법을 다루는 전문적인 영역이었다. 그래서 나 같은 비법대생이 단 6개월 만에 그것도 직장 생활을 하며 1차 시험에 합격하는 건, 법대생에게 미안한 이야기가 되는 거였다.

그 당시 나는 "과연 공인노무사 시험을 위해 몇 번이나 반복해서 공부했으면 합격했을까?"라는 질문을 나 자신에게 던졌다. 법 관련 시험은 책을 몇 번이나 봐야 제대로 이해하고 암기할 수 있는지 고민이 되었다. 그리고 직장 생활을 하며 공부하는 게 너무 힘들어 공인노무사에 또 도전하는 건 접었다.

당시 공부의 반복 횟수에 관한 고민을 하고 있을 무렵, 반복 학습을 다룬 도서가 출판되었다. 일본 도쿄대를 수석으로 졸업하고 재학 중에 사법시험과 1급 공무원 시험에 합격한 야마구치 마유 변호사가 쓴 《7번 읽기 공부법》이라는 책이었다. 저자는 책 한 권이 머릿속에 통째로 복사되는 방법으로 저자가 경험한 일곱 번 읽기 공부법을 소개했다. 일곱 번 책 읽는 방법은 다음과 같았다.

첫 번째 표제를 머릿속 노트에 옮겨적는 감각으로 읽는다. 문장을 훑어보기도 하지만, 주로 장 제목, 항목별로 표제와 부제를 의식하면서 책을 읽는다.

두 번째 책 전체를 훑어본다. 항목뿐만 아니라 더욱 세밀한 부분까지 읽는다. 이 단계가 끝나면 책에 어떤 내용이 어느 순서대로 적혀 있는지 파악할 수 있다.

세 번째 두 번째 읽기와 기본적으로 방법은 같다. 책 전체를 가볍게 훑어보는 단계다.

네 번째 문장 속의 키워드를 의식하며 읽는다. 외우려 해서는 안 된다.

다섯 번째 키워드를 어떻게 설명하는지 확인하는 단계다.

여섯 번째 세세한 부분까지 읽는다.

일곱 번째 머릿속 노트에 책이 대부분 복사된 상태다. 두뇌 속에 확실히 정착시킨다.

지금까지 나는 시험 공부를 위해 한 권의 책을 세 번 이상 본 적이 없다. 일반 도서의 경우 역시 보통 한 번으로 끝났다.

야마구치 마유 저자가 제시하는 일곱 번 읽기 공부법은 신선한 충격이었다. 하지만 야마구치 마유 저자가 일곱 번 반복만으로 사법시험에 합격하고 1급 공무원 시험에도 합격할 수 있었던 것은 법에 대한 기본적인 배경지식이 있어서 가능하지 않았을까 생각한다. 어쨌든 나는 공인노무사 자격시험에서 낙방하고 시험 공부에 대한 반복 횟수에 대해 '7'이란 숫자를 염두에 두게 되었다.

공인노무사 자격 시험을 중단한 후, 공인노무사 시험 공부를 했던 열정이 영어 공부로 옮겨붙었다.

"나는 퇴직 전까지 영어를 끝장내겠다."

"나를 계속 따라다녔던 영어를 내 몸에서 떼겠다."

"나이가 좀 들어서 영어 공부해도 될 수 있다는 것을 보여주자."

이런 다짐과 각오를 마음속에 단단히 심었다.

그런 생각을 하고 있던 찰나에 《영어탈피》라는 교재를 접하게 되었다.

그동안 수없이 많은 영어 교재와 테이프들을 접했지만, 《영어탈피》의 권장 학습 방법은 그전에 읽었던 야마구치 마유 변호사가 제시한 《7번 읽기 공부법》과 유사했다. 권장 학습 횟수는 훨씬 많았지만 반복 학습에 관해 주장하는 건 같았다.

《영어탈피》의 권장 학습 가이드는 12,300개의 영어 단어가 들어 있는 1,100페이지 분량의 교재를 책 전체를 하나의 주기로 해 25회 반복하는 것이었다. 단어 암기 총 권장 시간은 240시간이었다. 반복하면서 암기가 안 되는 단어를 점점 줄여나가는 것이었다.

그리고 또 다른 암기 방법은 쓰면서 외우는 게 아니라 녹음된 MP3 파일의 단어를 듣고 그대로 따라 말하면 되는 것이었다. 영어 문장학습 방법은 12,300개의 단어가 포함된 9,400개의 예문 문장을 처음부터 끝 페이지까지 20회 반복을 하는 데 약 400시간의 반복 학습을 권장했다.

영어의 기본 어휘가 되는 단어와 문장을 총 45회 반복 학습하고 총 640시간의 학습을 권장했다. 나는 그대로 따라 했다. 마지막 영어 공부라고 생각하고 듣기와 따라 말하기를 무한 반복 훈련했다. 주말 포함해 하루 3~4시간을 직장 생활을 하며 하루도 빠트리지 않고 영어 단어와 문장 익히기에 몰입했다.

고등학교 때도 시험공부를 하면서 한 교재를 세 번 이상 보지 않았던 내가 1,100페이지의 영어 단어, 문장 책을 50번 이상 듣고 따라 말하기를 반복 훈련했다.

나는 영어에 귀가 뚫리고 입이 트이는 경험을 했다. 그리고 발음도 아주 좋아졌다. 다른 분야도 마찬가지겠지만, 영어를 될 때까지 반복하면 된다는 사실을 뼛속 깊이 경험했다. 못하는 사람들은 될 때까지 하지 않기 때문에 못하는 것이었다.

원어민은 마지막에 만나라

나는 대학교 2학년 때 처음으로 미국 원어민과 영어로 대화를 시도해 본 적이 있다. 당시, 토익을 공부하면서 영어를 조금 알아듣게 되었다. 그래서 직접 원어민과 만나보고 싶어졌다.

원어민 강사가 아닌 일반 미국인 남성과 대화 형식으로 학교 앞에서 일주일에 한두 번 미팅을 했다. 그런데 내가 토익을 공부했던 방식으로는 원어민과 일대일 대화를 원활하게 이어갈 수 없었다. 미국인 남성은 자기기 할 말을 짧은 시간에 속사포로 말했다. 조금 알아듣는 문장이 나오면 그제야 나는 떠듬떠듬하며 말하며 대화를 이어갔다. 내가 짧은 말로 느리게 말을 하면 그 미국 남성은 또 5~10개 이상의 문장을 빠른 속도로 말하는 것이었다.

나는 당시 토익 외에 정돈된 발음과 문장으로 만들어진 영어 교재로 회화를 혼자 공부하고 있었다. 그러나 그런 방법으로는 원어민과 대화를 자유롭게 할 수 없었다. 실생활에서 쓰이는 용어와 발음으로 영어 듣기 능력이 되어야 말도 잘할 수 있다는 것을 느꼈다.

요즘엔 마음만 먹으면 얼마든지 원어민을 만날 기회가 많다. 돈을 들이지 않아도 스마트폰 애플리케이션 하나만 있어도 자유롭게 외국인 친구를 만들 수 있다.

몇 해 전, 나는 'Hello Talk'이라는 언어 교환 애플리케이션을 통해 외국인과 많은 문자를 주고받으며 영어를 쓸 수 있었다. 'Hello Talk'는 한국말을 배우고 싶어 하는 외국인과 영어를 배우고 싶은 한국인이 연결될 수 있게 해주는 기능을 가진 애플리케이션이었다. 서로 친구가 되어 문자, 이메일, 전화로 한국어와 영어로 소통할 수 있는 아주 유용한 애플리케이션이었다.

나는 그 애플리케이션을 가지고 영어로 많은 문자를 주고받으며 영작 실력을 키울 수 있었다. 교재로만 배웠던 영어가 아닌 살아 있는 영어였다. 감정이 실리고 생각이 실린 상태의 영어를 쓸 수 있었다. 무엇보다 MP3의 녹음된 대화로만 영어를 듣다가 실제 사람과 소통을 하니 재미있었다.

'Hello Talk'로 현지인과 미팅을 할 때는 대학교 때 미국 원어민을 만나 대화할 때와는 다르게 대화하는 데 큰 어려움을 느끼지 못했다. 그동안 듣기 능력과 영작 능력, 말하기 능력이 갖추어진 것이다. 영어가 되는 상태에서 하는 원어민과의 대화는 정말 재미있고 행복한 감정을 느낄 수 있었다. 내가 갖고 싶었던 것을 갖게 됐을 때의 충족감 같은 것이 느껴졌다.

영어가 되지 않은 상태에서 원어민을 만나면 서로가 스트레스인 상황에 놓일 수가 있다. 사람을 만났는데 알아듣지도 못하고 말도 못 하는 상황을 상상해보라. 돈과 시간을 들여 원어민을 만났는데 듣고 말하기가 안되면 열등감에 빠질 수가 있다. 원어민이 잘 가르쳐주고 싶어도 배우는 사람의 기본 실력이 안되어 있으면 배우기가 어렵다.

영어의 어휘부터 듣기, 읽기, 쓰기, 말하기의 단계가 충분히 훈련된 다음에 원어민을 만나면 훨씬 효과적이고 재미있는 시간이 될 수 있다. 원어민과의 만남은 원어민으로부터 영어를 배우기보다 내가 영어를 배운 것을 점검해보는 시간으로 삼으면 좋을 것 같다.

나에게는 두 명의 자녀가 있다. 집사람은 아이들이 어렸을 때부터 영어를 계속 들려주고 무자막으로 만화영화를 계속 보게 했다. 아이들은 만화영화가 재미있었기 때문인지 반복해서 보았다. 그러다 보니 장면만 보아도 무슨 말을 하는지 이해할 수 있게 되었다.

미국 아이들이 어려서부터 엄마에게 영어를 배우는 것처럼 우리 집 아이들은 만화영화를 가지고 영어를 배웠다. 그리고 영어 음악도 많이 들었다.

아이들은 어려서부터 이런 방법으로 영어와 친숙해졌다. 처음부터 영어 학원을 통해 영어를 배운 게 아니었다. 초등학교와 중학교에 올라가서야 영어 학원에 다니기 시작했고, 많은 단어와 문장을 외우고 시험을 보며 영어의 수준을 매우 높일 수 있었다. 아이들은 해외 어학연수를 다녀온 적이 없지만, 영어와 친구가 되어 즐겁게 영어를 배우고 수준급 실력이 되었다.

아이들과 집사람은 지난해 3주간 유럽 여행을 다녀왔다. 자유여행으로 모든 것을 스스로 준비하며 다녀온 것이다. 나는 회사 업무로 같이 하지 못했다. 아이들이 영어를 잘 활용할 수 있었기 때문에 교통, 숙박, 음식, 관광, 쇼핑 등 예약하고 이용하는 데 아무런 제약이 없었다. 유럽의 4개국을 이동하며, 열 개의 숙박 장소에서 잠을 잤다.

그들은 3주 동안 영국, 프랑스, 이탈리아, 스위스를 자유롭게 이동하며 많이 걷고 많은 것을 느꼈다. 아이들이 영어를 할 줄 몰랐다면 자유여행이 아닌 패키지여행으로 다녀와야만 했을 것이다. 이처럼 영어를 잘하게 되면 시간과 공간을 좀 더 자유롭게 쓸 수 있게 된다.

집사람과 아이들은 여러 도시를 이동하며 세계에서 온 다양한 사람들을 만나고 대화를 했다. 생각하는 사고의 폭이 많이 넓어졌을 것이다.

영어를 잘해서 해외 여행을 자유롭게 다녀온 그들은 매우 행복해 보였다. 이렇게 영어 하나만 잘해도 행복해질 기회를 좀 더 많이 가질 수 있게 된다.

영어의 듣기, 말하기 기본기를 다지고 원어민과 자유롭게 대화하고 회의도 하고 프레젠테이션하는 상상을 하라. 그리고 세계의 여러 나라를 자유롭게 드나들며 여러 나라에 외국인 친구가 생기는 것을 상상해 보라. 좀 더 다양하고 맛있는 음식을 맛보고 우리나라에는 없는 독특한 문화를 느껴보는 것을 상상하라. 그러한 것들을 생생하게 상상만 해도 영어를 잘할 수 있게 되는 동기 부여가 될 것이다. 어려서부터 영어를 일찍 접하지 못했더라도, 지금부터라도 충분히 배우고 훈련하면 영어의 기술은 습득될 수 있다.

원어민과의 만남은 영어를 배우고 훈련하는 마지막 단계에서 가지는 게 효과적이다. 무턱대고 처음부터 만나지 말자. 무턱대고 처음부터 해외 어학연수나 워킹홀리데이를 가지 말자. 황금 같은 시간을 좀 더 아끼고 효율적으로 사용하기 위해 영어의 기본기를 갖추고 나서 원어민을 만나자. 만나게 되는 원어민도 영어를 잘 구사하는 당신의 모습을 보며 좀 더 재미있고 유익한 대화를 하려고 할 것이다.

요즘 오픽이라는 영어 말하기 시험을 기업에서 많이 요구하고 있다. 신입 사원뿐만 아니라 기존 사원들에게까지 영어 회화 능력을 강조하고 있다.

오픽을 준비할 때도 무턱대고 바로 오픽 시험을 준비하기보다 영어의 어휘, 문법, 듣기, 말하기의 기본기를 먼저 갖추면 좀 더 단기간에 오픽 등급을 취득할 수 있을 것이다. 기본기를 갖추고 나서 일대일로 원어민과 미팅하며 오픽에서 질문하는 유형들을 생각하고 대화해나간다면 훨씬 좋은 성적을 얻을 것이다.

PART 05

나는 영어를 끝장내고 인생이 완전히 바뀌었다

나는 영어를 끝장내고 인생이 완전히 바뀌었다

전 세계에서 여행을 가장 많이 다니는 나라의 사람은 누굴까?

나는 미국 사람이라고 생각한다. 여행을 다닐 수 있는 경제력과 시간이 있기 때문이다. 특히 시간 면에서 놓고 보면 그들은 우리나라 사람들보다 시간이 많다. 영어 공부를 하지 않아도 되기 때문이다. 너무 비약적인 이야기인지 모르겠지만, 맞는 이야기일 수 있다.

대한민국 직장인들은 영어에 쏟아붓는 시간과 비용이 엄청나다. 그래서 우리나라 직장인들이 영어를 공부하는 시간에 미국인들은 여행이나 다른 일에 시간을 쓸 수 있는 여력이 있는 것이다.

많은 사람이 원어민 수준으로 듣고 말하고 싶어 한다. 그러나 그렇게 되기까지는 많은 시간이 필요하다. 우리가 스케이트를 배운다고 '뚝딱'

하고 김연아 선수처럼 될 수 있는 게 아닌 것처럼 말이다. 영어도 하나의 기술이기 때문에 수많은 반복과 시행착오를 거쳐 귀가 뚫리고 말문이 트이게 된다.

나는 영미권 해외 주재원 파견 수준으로 영어를 구사할 수 있게 된 후로 마음에 여유가 생겼다. 마음에 여유가 생기니 가족들과 여행도 자주 가게 되었다. 영어를 집중해서 공부하는 기간에는 주말에도 항상 도서관과 카페를 드나들었다. 하지만 영어를 끝장내고 나니 산과 바다에서 가족들과 보내는 시간이 생긴 것이다.

여행을 자주 다니다 보니 예전에는 느끼지 못했던 행복감을 많이 느끼고 있다. 무엇보다 가족의 소중함을 알게 되었다. 친구들과 재미있게 다닐 수도 있지만, 경치 좋은 곳으로 가족들과 함께 가서 가족들이 좋아하는 모습을 보면 나의 마음도 한없이 기뻤다.

캠핑할 때 가족들과 함께 텐트를 치고 테이블을 세팅하고 화로에 불을 붙이면, 내가 숯불에 고기와 새우를 구워준다. 가족들이 맛있게 먹는 모습을 보면 나도 배가 저절로 불러온다. 나는 이렇게 가족들과의 여행을 통해 행복의 순간을 많이 맛보게 되었다.

나에게 영어는 가족들과 행복한 순간을 연결해준 매개체라고도 할 수 있다. 나 혼자만의 영어 공부가 아니라, 웃음거리를 제공하고 대화의 촉매제 역할을 하기도 했다. 집에서 내가 영어로 가끔 이야기하면 집사람과 아이들은 종종 맞받아치곤 했다. 또한, 잘 안되는 발음으로 꼬부랑 영어를 하는 나이 든 아빠가 영어 공부를 열심히 하는 모습을 보며 집안은 책을 읽고 공부하는 분위기가 되었다.

영어를 할 줄 알게 되면서 나는 가보지 않은 곳에 대한 동경이 생겼다. 그렇게 직장 생활을 하며 많은 나라와 도시들을 가서 경험할 수 있었다. 영어를 할 줄 알게 되니 가능한 것이었다. 동남아의 일본, 중국, 대만, 베트남을 다녀왔다. 중국의 발전하고 있는 주요 도시들을 다녀왔다. 북경, 천진, 상해, 소주, 서안, 선전, 동관, 홍콩 도시를 경험했다. 더 멀리는 미국, 스페인, 독일, 헝가리, 오스트리아 국가를 다녀왔다. 스페인에 갔을 때는 바르셀로나부터 마드리드, 세고비아, 그라나다를, 그리고 미국에서는 LA, 플로리다, 라스베가스 등의 도시를 다녀왔다.

영어를 할 줄 몰랐다면 해외 출장, 해외 여행을 가보고 싶다고 막연한 생각만 했을 것이다. 영어가 되니 나는 매년 가보지 않은 나라와 도시를 다녀볼 수 있었다. 그리고 그 나라에 사는 사람과 이런저런 이야기를 나누고 맛있는 음식들을 먹었다.

영어 공부를 2년간 집중해서 훈련하다 보니 반복의 힘이 얼마나 큰지 경험할 수 있었다. 성공하려면 성공할 때까지 무언가를 반복하면 된다는 것을, 그리고 중도에 그만두면 그걸로 끝이라는 것을 깨달았다.

영어에 작은 성취감을 느끼고 자존감도 높일 수 있었다. 나도 하면 된다는 자신감도 얻었다. 그리고 나이는 숫자에 불과하다는 깨달음도 덤으로 느꼈다.

영어를 집중적으로 훈련하면서 체력의 한계를 많이 느꼈다. 그래서 수영도 기초반부터 시작했다. 결국에는 내가 등록한 스포츠센터에서 제일 높은 수준의 강습반까지 올라갔다. 어깨에 주사를 맞고 고관절에 초음파충격 치료를 받아가며 약간 무리하게 수영을 했다. 그러나 나는 즐거웠다. 수영으로 체력을 기르니 영어에 집중할 수 있었다. 모든 것의 기본은 건강과 체력이라는 걸 영어를 훈련하면서 다시 한번 깨달을 수 있었다.

영어가 되고 수영이 되니 또 다른 도전 의식이 생겼다. 독서였다. 영어를 정복하고 난 후, 그동안 영어 공부로 시간을 내기 어려웠던 독서를 마음껏 했다. 유튜브 '단희쌤'을 보게 되면서 독서에 더 관심이 생겼다.

일주일에 두세 권을 목표로 책 읽기를 1년간 100권 읽기에 집중했다. 영어 교재를 50회 이상 반복해서 듣고 따라 말하기 했던 습관이 독서에 옮겨붙었다. 독서에 힘이 생긴 것이다.

우선 직장인이 관심을 많이 두고 있는 분야인 마케팅과 부동산 도서를 집중해서 읽었다. 나는 부동산에 문외한인데다가 부동산 투자는 터부시했다. 그러던 내가 부동산 서적 100권 읽기를 목표로 했다. 매주 두세 권을 읽고 80권 정도가 되니, 이제는 부동산 투자자가 된 느낌이다. 부동산에 투자를 시작하면 다 성공할 것 같은 생각이 들 정도다. 성공한 부동산 투자자들의 경험이 내게 간접적으로 머릿속에 각인되었기 때문이다.

그중 필명 '청울림' 작가의 《나는 오늘도 경제적 자유를 꿈꾼다》라는 부동산 도서가 나의 심금을 가장 많이 울렸다. 그는 삼성에 입사한 후 13년 동안 매우 우수한 성적을 내며 근무했다. 그러나 아무리 열심히 일해도 5년 뒤, 10년 뒤의 미래가 너무 불투명했다. 그는 결국 희망퇴직을 선택했다.

퇴사 후, 그는 부동산 전업 투자자가 되어 지방의 소규모 빌라, 아파트를 시작으로 경매·공매를 통해 작게 성공을 일구었다. 그 후 수도권까지 사업을 벌여 더 크게 성공했다. 하지만 내 마음에 감동을 준 내용은 그의 성공의 결과물이 아니었다. 그가 성공하기 위해 목표를 세우고 끝까지 희망을 놓지 않고 매 순간 어려운 상황들을 극복해나가는 과정이었다.

나는 한 개의 분야를 놓고 집중해서 읽어나갔다. 그리고 한 명의 저자가 여러 권의 책을 쓴 경우, 그 저자가 쓴 책을 모두 사서 읽었다. 한 저자가 쓴 저서들을 모두 읽으면 그 저자의 더 많은 경험담과 인생철학을 알게 되었다.

자기계발과 재테크는 서로 매우 밀접한 상관관계가 있다. 재테크에 성공한 사람들을 보면 책을 많이 읽은 경우가 많다. 그들은 책에서 읽은 내용을 그대로 자신의 삶에 적용해 성공을 거둔 것이다.

자기계발은 끊임없이 배우고 도전하고 실행하고 개선함으로써 바라는 목표에 도달하게 하는 힘을 실어준다. 자기계발 없이 하늘에서 뚝딱하고 원하는 것을 얻을 수는 없다.

나는 책 쓰기라는 또 다른 도전을 하고 있다. 그동안 인풋만 있었던 나의 인생을 아웃풋하고 있다. 많은 시간과 비용을 들여 공부하고 경험했던 소중한 것들을 필요로 하는 사람들에게 나누고 싶어졌다. 사람들이 희망과 꿈을 갖고 인생을 좀 더 활기차게 살아갈 수 있도록 도움을 줄 수 있는 그런 책들을 쓸 것이다.

영어를 끝장내고 나의 보물 지도를 그렸다. 영어 공부에 관한 작가, 코치, 컨설턴트로서 많은 사람에게 도움이 되고자 이렇게 책을 썼다. 내가 직장인으로서 영어를 집중해 반복하며 훈련해서 끝장냈던 경험이 누군가에게는 도움이 될 수 있기를 희망한다. 이 책은 영어가 고민인 사람들에게 해외에서도 업무를 볼 수 있는 정도의 영어가 될 수 있도록 하는 공부법이다. 성인 직장인으로서 영어를 제대로 훈련하기 위한 가이드가 될 것이다.

직장인의 빈부격차는 영어에서 갈린다

직장인에게 영어는 무시할 수 없는 요소다. 영어는 직장인들이 회사 생활을 하는 데 많은 영향을 끼친다. 특히 수출 중심으로 사업을 운영해야 하는 한국 기업에서는 영어를 비롯해 외국어가 굉장히 중요하다.

영어는 당장 신입사원 채용에서부터 영향을 끼친다. 채용 여부를 결정할 때 전공 과목에 대한 학교 성적은 기본이고, 가장 많이 보는 항목이 외국어 영역, 특히 영어다. 영어도 이제는 토익스피킹 또는 오픽 성적 등 말하기 능력을 중점적으로 본다.

내가 채용 면접관으로 신입사원 면접을 볼 때의 일이다. 신입사원 채용 면접을 하다 보면 영어를 배운다고 휴학하고 어학연수를 다녀온 입사 지원자들이 많다. 필리핀, 호주, 캐나다 등으로 다녀온 학생들이 많았는데, 보통 6개월에서 1년 정도를 체류하고 왔다.

공대 계열의 학생은 보통 경상대나 문과 계열보다 말하기 영어 실력이 조금 떨어진다. 그런데 어느 공대 졸업 예정인 남학생의 자기소개서에 영어 성적이 1등급으로 표기된 것이었다. 그래서 "학생은 어떻게 해서 해외 경험도 없는데 영어를 잘하게 됐습니까?" 하고 물었다.

"저는 어려서부터 영어에 관심이 많았습니다. 영어로 된 음악도 많이 듣고 영화도 많이 봤습니다. 재미있었습니다. 그리고 대학교 들어가서 영자 신문반에서 동아리 활동도 하고 영어 스피치 대회에도 나가서 입상했습니다. 해외에 나가서 어학연수를 하지 않아도 영어를 잘할 수 있는 방법은 많습니다. 제 동기들이 영어 배운다고 휴학하고 돈도 많이 들어가는 해외 어학연수를 가는 걸 보면 안타깝습니다. 차라리 국내에서 영어를 열심히 공부해놓고 그 돈으로 해외에 나가서 다른 기술이나 경험을 쌓는 게 중요하다고 생각합니다."

그 학생은 그렇게 대답했다. 참 기특하다고 생각했다.

기업들은 채용 합격 여부를 결정하고 배치 면담을 실시한다. 배치 면담 시에도 전공 공부 이력, 외국어, 전문 자격 등을 주로 본다. 그중에서도 역시 영어 능력을 많이 보게 된다. 영어를 잘하는 사원은 기획, 해외 영업, 마케팅, 해외 구매, 고객품질 부서 등 해외 업무를 주로 하는 부서로 먼저 배치된다.

선진국 기업의 정보를 다루고 해외 고객을 관리하기 위해서는 영어 등의 외국어가 필수다. 그리고 영어를 잘하는 사원은 배치될 수 있는 부서의 폭이 넓다. 회사의 경쟁력을 위해서는 빠른 정보 습득과 전달, 응용이 필요하다. 그러기 위해서는 글로벌 역량이 가장 먼저 필요하다. 그래서 회사는 글로벌 역량이 있는 사원을 선호한다. 어학 능력뿐만 아니라 해외 선진사에서 인턴 경험을 했거나 해외가 본사인 기업에서 일해본 경험이 있는 사원은 기업에서 선호 인력이 된다.

직장 내에서 직원에게 외국어가 가장 크게 영향을 미치는 분야는 승진·승격이다. 외국어 등급이 있으면 가점이 주어지고, 없으면 감점이 주어지는 회사들이 늘고 있다. 가점과 감점이 주어지면 승격 총 점수에서 폭이 더 벌어진다. 그래서 외국어 등급의 유무는 승격의 당락을 짓는 주요 항목이 된다.

그런데 외국어 등급이 없는 사원들이 1년을 공부해도 등급을 취득하지 못하는 경우가 많다. 회사는 승격을 가름하는 데 외국어를 유용하게 활용한다. 승격은 곧 연봉의 차등화로 이어진다.

지난 2018년 한국직업능력개발원이 발표한 조사 결과, 업무에 필요한 여러 역량 중 외국어가 전공이나 자격보다 소득에 더 큰 영향을 미치는 것으로 나타났다. YBM 한국 TOEIC 위원회는 설문조사기관에 의뢰해 20~40대 남녀 직장인 500명을 대상으로 '영어 능력'에 대한 인식 관련 조사를 진행했다.

먼저 '우수한 영어 능력이 연봉 협상이나 이직 등을 통한 소득 수준 향상에 도움이 되는가?'라는 질문에 전체 응답자의 약 70%가 긍정적으로 답변했다. 그리고 '직장 생활에서 영어 능력이 중요하다고 생각하는가?'라는 질문에 '그렇다'라는 답변이 36.8%, '매우 그렇다'라는 답변이 18%로, 전체 응답자의 과반수가 긍정적인 답변을 택했다.

영어 능력이 우수하다면 직장 생활에서 유리한 점에 관한 질문(중복 응답)에는 '폭넓은 업무 경험'이라는 답변이 54.4%로 가장 많았으며, 이어 승진 시 긍정적 영향(30.2%), 해외 법인/지사 근무(29.2%), 해외 출장 시 우선 선발(22.2%) 등이 뒤따랐다.

직장인들이 회사 생활하면서 영어 능력을 중요하게 생각하고 있고, 소득 수준에도 도움이 된다고 생각하고 있는 것이다.

대기업들은 우수 인력을 키우기 위해 많은 교육 과정을 자체적으로 운영하거나 외부에 위탁하고 있다. 그리고 우수 인력 양성 과정의 대상자를 선발되기 위해서는 업무고과와 외국어 능력, 이 두 가지를 항상 같이 본다.

예를 들면, MBA(경영학 석사) 과정, 해당 직무의 전문가 양성 과정에 교육 대상자로 뽑히기 위해서는 우수한 고과와 영어 능력이 필요하다. 영어는 학교 다닐 때까지만 필요한 게 아니다. 직장 생활하면서 여러 단계마다 꼭 필요하다.

해외 파견을 위한 대상자 선발 과정에서는 특히나 더 영어 능력이 필요하다. 해외 주재원을 사전에 양성하기 위한 지역 전문가 제도는 젊은 직원들을 주로 대상으로 한다. 젊었을 때부터 우수한 인력을 미리 선발하고 양성해놓는다. 해외 사업을 확장하게 되면 미리 해외 전문가로 양성된 사람이 해외 주재원으로 파견된다. 해외 주재원으로 파견되면 회사로부터 해외 생활을 위한 각종 혜택이 주어진다. 영어를 잘하게 되면 얻게 되는 혜택이다.

요즘 대기업들에서 해외 주재원을 경험하고 돌아온 직장인들이 리더 역할하는 것을 많이 볼 수 있다. 관리자 역할을 하는 것이다. 관리자에게 연봉이 더 높이 책정되고 더 많은 일이 주어진다. 해외 현지에서 외국인 사원들을 관리했던 리더십과 외국어 능력을 인정하는 것이다.

결국, 외국어, 특히 영어 능력으로 관리자와 피 관리자로 나뉘게 된다고 해도 과언이 아니다. 물론 일을 잘하는 능력은 기본이다.

세계화 시대를 맞아 영어를 비롯한 외국어 구사 능력이 직장인의 필수 업무 역량으로 자리 잡은 지 오래다. 이로 인해 졸업을 앞둔 학생들은 취업을 위해 영어 능력을 키우는 데 많은 애를 쓴다. 직장에 들어가면 승진과 각종 회사 내 선발 과정에서 영어 능력을 향상하기 위해 노력한다. 이직할 때도 더욱더 좋은 조건의 직장을 얻기 위해 영어 능력을 키운다. 영어는 직장인에게 평생 따라다닌다고 해도 과언이 아니다.

우리나라에서는 직장인으로 살아가기 위해서 영어 능력은 필수가 되었다. 직장 생활에 발을 내딛기 시작하기 위해서부터 퇴직할 때까지, 영어는 직장인의 그림자를 항상 따라다닌다.

피할 수 없다면 즐기라고 했다. 영어를 억지로 공부하기보다 재미있게 공부하고 활용하자. 회사에서 누릴 수 있는 여러 가지 혜택을 마음껏 누려보자. 영어는 직장 생활을 할 때도 필수지만, 직장을 떠나더라도 세계화 인으로 살아가는 데 꼭 필요하다.

회사는 당신을 끝까지 지켜주지 않는다

1970~1980년대는 우리나라의 경제가 급속하게 발전하는 시기였다. 당시에는 남자 혼자 외벌이로도 충분히 집도 사고 가족을 부양할 수 있었다. 회사는 직원들을 가능한 한 오랫동안 근무하게 하려고 많은 노력을 했다. 사원들이 정년퇴직할 때까지 일할 수 있도록 여러 복리후생 제도를 많이 만들었고, 장기근속한 직원에게 자녀학자금, 주택 대부, 경조사 지원 등 다양한 혜택을 주었다.

그러나 회사가 어려워지면 언제 그랬냐는 듯이 구조조정의 소용돌이가 시작된다. 월급만 받고 생활하는 직장인들은 늘 불안하다. 요즘같이 경제 성장률이 점점 낮아지고 국내 일자리는 늘어나지 않는 상황에서 직장인들은 점점 더 회사에 매달린다. 회사는 나이가 들고 생산성이 떨어지는 직원들을 계속 근무하도록 가만 놔두지 않는다. 회사가 경쟁력이 있어야 직원들이 그 회사에서 오랫동안 일할 수 있다. 그리고 회사가 경쟁력이 있으려면 직원이 경쟁력이 있어야 한다. 직원 한 사람, 한 사람의 차별화된 기술과 노하우가 있어야 한다.

최근에 주변의 퇴직한 분들과 대화를 나눌 때가 있었다. 그들에게 퇴직 전에 어떤 것을 준비해야 하는지를 물었다. 그러나 새로운 일을 위해서 뭔가 제대로 준비했다는 사람은 없었다. 그냥 본인이 회사에서 했던 경험으로 계속 일하기를 원했다.

내 주변에는 회사에 다니며 제2의 인생을 준비하는 사람을 보기 어렵다. 때가 되면 월급 나오고, 때가 되면 보너스가 지급되니 현실에 그냥 만족하며 산다. 회사에 입사하고 나면 딱 그 월급에 맞춰 생활한다. 그렇게 월급을 받는 날만 기다리며 월급 받는 만큼만 일한다.

이제는 평생 직장과 평생 고용의 개념이 사라졌다. 요즘 입사한 직장인들은 회사에 오래 근무해서 자녀 대학교 학자금, 주택 대부를 지원받으며 정년까지 근무하겠다는 사람이 없다. 어떻게든 자신의 몸값을 높여 이직하거나 전문성 있는 일을 하겠다는 사람이 대부분이다. 그래서 영어를 배우려고 하는지도 모르겠다.

영어는 직장 생활에서 자신을 지키기 위한 하나의 수단이다. 자신을 경쟁력 있게 해주는 도구다. 이 도구는 잘 쓰면 잘 쓸수록 자기 자신을 더 많이 보호할 수 있다.

한 회사의 직장 생활을 20년 넘게 하며 나에게 남은 것이 무엇인지 생각해보았다. 회사 업무를 했던 경험, 해외 출장을 다녔던 경험, MBA와 영어를 공부했던 경험들이었다. 그리고 가족들을 부양하고 나의 자녀들을 교육시킨 경험들이었다.

내가 직장 생활을 아무리 열심히 성실하게 해도 때가 되면 퇴직을 해야 한다. 빨리 퇴직하든 늦게 퇴직하든 퇴직의 길은 정해져 있다. 회사가 생산성을 유지하며 계속 경쟁력을 가지려면 젊고 유능한 직원들을 최대한 활용해야 한다.

내가 다니는 회사가 내 소유가 아니라면 나는 피고용인으로서 고용자의 지시에 따라 움직일 수밖에 없다. 지시를 받더라도 좀 더 대우를 받으려면 능력이 있어야 한다. 그 능력 중의 하나가 바로 영어다. 때가 되면 퇴직을 하더라도 영어 하나만큼은 온전히 나의 것으로 만들어야겠다. 영어 말고도 직장을 다니며 내 것으로 만들 수 있는 기술과 노하우가 많으면 더욱 좋을 것이다.

직장 안에서 편하게 생활하는 데 안주하지 말자. 자기계발을 좀 더 많이 하고 재테크도 잘해서 저성장 시기에도 더 잘살 수 있도록 노력해야 한다.

회사는 우리를 끝까지 책임져주지 않는다. 내가 아무리 회사를 위해 열정적으로 일하더라도 나는 회사와 헤어지게 되어 있다. 회사가 나를 끝까지 책임지지 않는다고 해서 회사를 비판하거나 원망하지 말자. 원래 조직의 생리가 그러한 것이기 때문이다.

회사와 헤어지기 전에 나의 실력을 높이고 경험을 더 많이 하자. 회사에서 등 떠밀려 퇴직하지 말고 "잘 있거라. 나는 간다" 하고 웃으며 퇴직하자. 직장 생활을 하며 퇴직 후의 삶을 미리 준비하면 할수록 더 빛나고 찬란한 나의 인생을 살게 될 것이다.

나만의 노하우를 쌓자. 나만의 이야깃거리를 만들자. 다른 사람보다 잘하고 있는 것에 대해 전문가 수준까지 될 수 있게 노력하자. 회사가 나보고 떠나라고 할 때 전문가로 차별화되어 있으면 과감히 웃으며 "bye bye" 할 수 있을 것이다. 물론 직장 생활을 하며 또 다른 새로운 뭔가를 준비하기는 쉽지만은 않을 것이다. 그러나 우리는 해내야 한다.

직장에 다니고 있을 때, 안정적으로 월급이 나오고 생활을 유지할 수 있을 때, 새로운 것에 대한 준비를 잘 할 수 있다. 퇴직 후에 새로운 것을 준비하려면 시간에 쫓기고 불안한 상태로 긴장을 많이 하게 될 것이다. 좀 더 즐겁고 편안한 마음 상태에서 퇴직 후를 대비한다면 성과도 더 좋을 것이다.

회사는 나를 끝까지 지켜주지 않는다. 나는 나 스스로 지켜야 한다. 회사를 떠나도 50~60년의 세월이 나를 기다리고 있다.

이중 언어를 사용하면 알츠하이머병 등을 예방한다고 한다. 끊임없이 뇌를 사용하기 때문이란다.

영어를 잘해서 나의 인생에 날개를 달아보자. 하고 싶은 일을 하고, 가고 싶은 곳을 가고, 만나고 싶은 사람을 만나보자. 100세 시대에 영어 기술 하나쯤 잘 익혀보자. 그래서 영어로 나의 새로운 취미도 만들어보고 새로운 일도 해보자. 영어와 자신의 전문적인 직무를 결합하면 엄청난 시너지 효과를 낼 것이다.

당신은 왜 영어를 공부하려고 하는가? 더 높은 연봉과 더 많은 기회를 잡기 위해 공부하는 게 아닌가? 그리고 불안한 직장 생활을 좀 더 안정적으로 하기 위해서가 아닌가?

회사는 당신을 끝까지 지켜주지 않을 것이다. 그래서 재테크, 자기계발, 건강은 자신이 스스로 관리해야 한다. 그중 특히 영어 하나만큼은 자기의 것으로 확실히 만들어야겠다.

1m만 더 뛰어보라

최근 김영식 전 천호식품 회장이 트로트 팝 가수로 데뷔를 했다. 〈10m 만 더〉라는 제목의 노래를 직접 작사했다. 70세의 나이에 엄청난 열정을 지닌 그는 코로나로 어려움을 겪고 있는 국민들에게 위로를 주고자 직접 노래를 부르게 되었다고 한다. 노래를 들어보니 상당히 경쾌했다. 그리고 많은 사람이 용기를 얻을 수 있는 메시지가 담겨 있었다.

〈10미터만 더〉

작사 : 김영식, 작곡 : 김정택

이번엔 니 차례다. 지금 준비해라.

기회는 준비한 사람에게만 온다.

한두 번 실패했다고 고개 숙이지 마.

배불리 먹고 가슴을 펴고 소리를 질러라.
열정을 가져라. 안 될 때면 생각을 바꿔라.
뛰어라. 뛰어라. 10미터만 뛰어라.
다른 사람은 잘하는데, 나는 왜 못해 내가 왜 못해.
포기하지 마. 걱정하지 마. 너에게도 동남풍이 동남풍이 불 거야.
옛날 생각할래. 하지 마 하지 마 하지 마.
상상해라. 내일을 이루어지는 너의 꿈.
지금부터 결심해 들이대고 들이대고 들이대.
한번 넘어졌다고 절대 포기하지 마.
우리는 변화가 필요해. 지금 당장 실천해.

이 노래를 들으니 과거 내가 영어 공부를 했던 시절이 떠올랐다. 포기도 자주 하면 습관이 된다고 한다. 돌이켜보면 나도 영어를 공부하며 얼마나 많이 중도에 포기했는지 모르겠다. 영어 단어 외우다 포기하고 팝송으로 영어 공부한다고 했다가 포기했다. 미국 시트콤으로, 또는 영화로 영어를 배우겠다고 했다가 중간에 포기했다. 문법책만 몇 번을 봤다.
미국 대통령 연설문으로 영어 공부하겠다고 시도하다가 몇 번 듣고는 어려워서 못 하겠다고 하고 그만뒀다. 원어민을 만나서 해보겠다고 하다가 못 알아듣고 말이 안 나와서 중도에 그만뒀다.

참 많은 시간을 영어와 씨름한 것 같다. 영어와 씨름했던 그 시간에 차라리 다른 것을 했으면 좋았을 거라는 생각도 했었다. 직장 생활을 하며 토익 공부로만 10년 가까이 보낸 것 같다. 그러다가 영어 말하기 시험으로 패러다임이 바뀌면서 듣기만 했던 나는 적응하기가 어려웠다.

말하지 않고 듣기만 했던 영어가 편했는데, 억지로 말을 해야 하니 죽을 맛이었다. 토익 공부한다고 나름 열심히 해서 점수도 높게 올려놨다. 그러나 회사에서 이제는 인정을 안 한다. 나는 토익을 버려야 했다. 토익 시험에서 오픽 시험 체제로 넘어가면서 익숙한 환경에서 새로운 것에 적응하는 게 가장 힘들었다.

최근, 기업에서 요구하는 영어 시험 체제가 토익에서 오픽으로 바뀐 것은 영어에서 매우 커다란 패러다임의 변화다. 일반 시험으로 따지면 학교에서 똑같은 과목을 객관식 사지선다형으로 시험을 봤던 것이 100% 주관식으로 바뀐 격이다. 알면 점수가 있고 모르면 점수가 없는 것이다. 4지 선다형 객관식은 그나마 정답과 맞출 확률이 25%는 됐는데 말이다. 영어를 듣기만 해도 됐다가 말을 해야 하는 상황은 베이비붐 세대가 아날로그에서 디지털을 겪어야 하는 그런 느낌일 것이다.

문법과 듣기 중심의 영어에서 말하기 영어로 넘어가기 위해서 나는 영어를 새롭게 다시 시작해야 한다고 생각했다. 어디서부터 다시 시작해야 할지 몰라 당황스러웠다. 내 동년배들은 영어 공부를 하는 사람도 없었을 뿐더러 영어 말하기를 해보겠다고 도전하는 사람도 없었다.

뭐든지 새로운 것을 처음 시작하는 데는 많은 힘이 필요하다. 몇십 톤 되는 우주선을 지구에서 떼어내 발사시키기 위해서는 엄청난 에너지를 가진 1단 로켓이 필요한 것처럼 말이다. '시작이 반이다'라는 말은 맞는 말이다. 시작할 때 가장 많은 에너지가 필요하기 때문이다. 시작만 하면 중간 지점까지 가는 건 금방이다.

영어 말하기를 위해 어휘를 다시 공부하기 시작하니 처음에는 굉장히 힘이 많이 들었다. 아침부터 밤늦게까지 귀로 듣고 입으로 소리를 내뱉으려니 입 근육이 마비가 오려고 할 때도 있었다. 혓바늘이 자주 돋고 턱뼈와 입가 주변이 항상 뻐근했다. 그동안 익숙하고 편하게 했던 영어 공부를 뒤로 하고 이제는 몸으로 부딪쳐가며 하는 영어 훈련을 해야 했다. 공부가 아니라 훈련이었다.

나에게는 일단 시작했다는 것이 큰 의미다. 그리고 될 때까지 했다는 것이 두 번째 큰 의미다. 영어 말하기를 위해 영어를 다시 시작하고 될 때까지 할 수 있었던 건 간절함이 있었기 때문이다.

나에게 시간이 그리 많지 않다는 생각이 영어 훈련에 좀 더 집중할 수 있게 했다. 그리고 영어를 잘해서 전 세계를 돌아보고 만나는 사람과 즐거운 대화도 하는 상상이 영어를 훈련하는 데 재미를 느끼게 해주었다.

영어, 일단 시작만 하면 된다. 정말 시작이 반이다. 시간이 너무 빠르게 흘러간다. 내 인생에 이번 영어 공부가 마지막이라고 생각하고 한번 될 때까지 해보면 영어가 될 것이다.

지쳐서 중단하고 싶고 하고 싶지 않을 때 한 걸음만 더 내디디면 실력이 확 오를 때가 있다. 포기하고 싶을 때가 성공으로 가느냐 마느냐가 결정되는 때다. 포기하면 끝이고, 포기하지 않으면 성공으로 가는 길이다. 포기하고 싶을 때 포기하지 말고 1m만 더 뛰어보자.

영어,
당신도 끝장낼 수 있다

"24/7". 영어로 하루 24시간, 1주 7일, 1년 내내란 뜻이다. 나는 영어를 공부하면서 이 단어와 아주 친했다. 2년간 하루도 빠지지 않고 영어를 하려고 노력했다. 내가 영어로 말할 때도 이 단어를 자주 사용했다. 그러다 보니 이 단어가 좋아졌다.

영어를 다시 시작할 때 영어와 친해지려고 애를 썼다. 눈이 피곤하고 졸음이 와도 계속 보고 들었다. 그러다 보니 영어가 재미있어지고 귀에도 쏙쏙 들이오는 날이 많아지기 시작했다.

영어는 공부가 아니다. 일상 생활이고, 경험이고, 훈련이다. 공부 공부하다 보면 하기 싫어지고, 나중에는 쳐다보기도 싫어진다. 영어를 일상 생활화하다 보면 영어를 보고 듣고 쓰고 말하는 게 편해진다. 하루

세끼 밥 먹고 하는 것처럼 시간을 정해놓고 때가 되면 듣고 때가 되면 말하기를 하면 된다. 그렇게 나의 환경을 영어를 듣고 말하는 데 중점을 맞췄다.

"He can do, She can do, Why not me!" 실리콘밸리의 작은 거인이라 불리는 김태연 회장의 어록이다. 내가 정말 좋아하는 글이다. '그도 해냈고 그녀도 해냈는데 왜 나라고 못 해!'

현재 74세인 그녀는 경상북도 김천에서 태어났다. 딸로 태어났다는 이유로 구박덩어리로 자라났다고 한다. 22세 되던 해, 그녀는 미국으로 혈혈단신으로 떠났다. 그렇게 빈민촌에서 살다가 미국의 어느 한 고등학교에서 태권도를 가르치는 강사가 되었다. 이후 '정수원'이라는 미국 서부 최대의 태권도장을 세웠다. 이후 태권도를 가르쳤던 제자들과 IT 기업을 세우고 실리콘 밸리로 진출했다.

그녀는 컴퓨터를 이용해 미세먼지까지 제어하는 첨단 클린시스템을 개발하고 제조하는 라이트하우스를 설립했다. 그리고 미국 100대 우량기업으로 선정되기도 했다.

나는 그녀의 작은 체구에서 뿜어져 나오는 열정을 끌어당기고 싶다. 나는 김태연 회장을 보며 사람은 마음먹기에 달려 있다는 것을 여실히 느낀다. 영어도 마음먹기에 달려 있다. 영어뿐만이 아니라 모든 것이 내가 마음먹기에 달려 있다.

'뉴욕에서 의사하기' 블로그를 운영하는 고수민 씨가 영어를 잘 배우는 방법으로 제시한 내용이 마음에 와닿아 소개하려 한다.

그는 영어를 잘하기 위해 온갖 영어 공부법 서적과 시청각 자료, 집중력 향상 보조기기 등 안 해본 방법이 없다고 한다. 그는 '단기간에 원어민처럼 마스터 가능'이라는 광고문구가 얼마나 허황한 것인지를 깨달았다. 오랜 시행착오 끝에 가장 효율적이면서도 효과가 있는 자신만의 영어 공부법을 완성했다. '원어민과 비교해 70% 수준'의 영어로도 뉴욕에서 의사 생활을 하는 데 전혀 지장이 없음을 몸소 보여주었다. 친한 선배의 조언처럼 다정다감하면서도 단호한 어투, 또한 의사라는 전문성을 한껏 살린 그의 설득력 있고 독특한 글에 하루 평균 3,000명 이상의 네티즌들이 공감과 지지를 보내고 있다.

그는 시청각 교재와 해설이 딸린 책을 골라 테이프, CD로 원어민의 발음을 듣는다. 해설을 통해 의미를 파악하고, 수십 번 반복해 소리 내어 읽으라고 말한다. 이 과정을 반복함으로써 억지로 외우려 들지 않아도 영어식 문장구조와 문법에 대한 감각을 자연스레 습득할 수 있다. 또한 어휘력이 향상되고 정확한 발음을 익히게 되어 말하기, 듣기, 읽기 실력도 놀라울 정도로 향상된다.

그는 자신의 영어를 잘하는 방법을 네 가지로 요약했다.

1. 실생활에서 많이 써먹는 단어를 우선해서 외운다.
2. 단어가 문장 속에서 어떻게 쓰이는지 알아야 한다.
3. 잊어버리지 않도록 단어를 자꾸 반복해서 봐야 한다.

4 위 모든 조건을 충족시키는 가장 좋은 방법은 영어로 된 책을 읽는 것이다.

내가 했던 방식과 너무나 같아서 깜짝 놀랐다. 영어의 목표를 동시 통역 전문가도 아니고 번역 전문가도 아닌 영어권 일반 시민으로서 사회생활을 할 수 있는 정도의 목표를 둔다면 누구라도 달성할 수 있다. 6개월 정도의 기간 동안 영어에 우선순위를 두고 집중해서 훈련해보면 된다. 하면 된다. 머리가 나빠서 못하는 게 아니다. 하지 않아서 못하는 거다. 목표를 정하라. 목표를 달성하고 자신에게 선사할 선물을 해보는 거다.

영어를 할 수 있게 되는 것은 자동차 운전면허를 따는 것과 비슷하다. 나는 대학교 여름 방학을 이용해서 운전면허를 따기 위해 시간을 냈다. 운전면허 필기시험 준비는 토익 리스닝, 리딩 실전 문제집을 사서 독학으로 공부한 것처럼 문제집을 사서 독학했다.

운전면허 필기시험은 80점만 넘으면 합격이었다. 운전 관련 법규와 자동차의 기계, 전자 부품에 대한 기본 사항을 공부했다. 영어도 기본적인 문법과 어휘를 책으로 보고 들으며 배웠다.

운전의 기본적인 이론을 습득하고 실기시험 준비 단계로 넘어갔다. 동네의 운전 잘하는 형과 차를 가지고 넓은 공터로 가서 실기시험 코스를 배웠다. 운전대를 잡고 액셀러레이터를 살살 밟아가며 처음으로 차를 움직여본다. 좌회전, 우회전, 직진, 후진해본다. 백미러도 봐야 하고 좌측, 우측 깜빡이도 켜야 한다. 정신이 없다. S자 코스가 제일 고난도 코스다. 가다가 급정거도 해본다. 이렇게 동네 형에게 운전을 배우다가 정식으로 자동차 운전학원에 등록한다. 실기시험을 위한 코스 주행 연습을 하고 실기 시험을 치른다. 가슴이 뛰었다.

실기시험에 합격하고 나서 아버지 차를 몰고 시내와 고속도로를 달려본다. 정말 정신이 없다. 잘못하면 바로 사고가 날 것 같다. 전방, 후방, 옆을 동시에 주시해야 한다. 잘못해서 한눈팔다가는 내가 다른 사람 차를 들이박든지 다른 사람 차에 내가 받히게 된다.

영어를 실제 듣고 말하기를 해본다고 회화학원도 다녀보고 일대일 원어민 만남도 해본다. 영화나 드라마를 보고 영어를 공부한다. 영어로 말하는 회의나 세미나에 참석하면 듣기, 말하기 공부를 했을 때보다 다양한 변수가 일어나고 말실수도 많이 하게 된다.

운전도 며칠 하지 않으면 감이 떨어지듯이 영어도 며칠 안 하면 기억해둔 단어나 문장들이 생각이 안 난다. 그러나 고생하며 몸으로 익힌 기술은 잘 안 잊어버린다. 영어도 마찬가지다.

누구나 처음부터 잘하는 사람은 없다. 천 리 길도 한걸음부터다. 영어, 운전면허처럼 생각하라. 당신이 운전면허를 취득했듯이 영어도 그렇게 할 수 있다.

영어로 새로운 세상을 만나라

2005년 여름, 나는 기업교육을 담당하는 30여 명의 동료 직원들과 9박 10일간의 일정으로 플로리다 올랜도로 떠났다. 미국 'ASTD'라는 기업교육협회에서 주관하는 기업교육 콘퍼런스에 참가하기 위해서였다. 태어나서 처음으로 미국 땅을 밟아보았던 기회였다.

내가 묵었던 호텔은 당시 골프 황제 타이거 우즈가 주로 골프 경기를 했던 플로리다 올랜도 골프 코스 가운데에 있었다. 너무나 아름다운 광활한 잔디밭과 드높고 맑은 하늘을 보며 나는 '이것이 미국의 공기와 땅이구나' 하며 마음속으로 감탄을 연발했다.

5일 동안 호텔에서 20분 거리에 있는 콘퍼런스 센터의 세미나에 참석했다. 태어나서 그렇게 큰 콘퍼런스 센터는 처음 봤다. 굉장히 넓고

커서 실내를 들어가면 찾아 들어가거나 나올 수가 없었다.

아침에는 리더십과 같은 큰 주제의 기조연설을 듣고, 오후에는 각자 관심 분야의 작은 세미나가 열리는 방으로 흩어졌다. 교수기법 같은 교육기법이나 교육도구 사용에 관한 세미나들을 들었다. 내 옆자리에는 여러 나라에서 세미나를 들으러 온 외국인들이 있었다.

'아, 이런 게 국제화라는 거구나.'

'영어를 잘하면 국제적으로 돌아다닐 수 있겠구나.'

'앞으로 영어를 더 잘해서 다른 나라들도 많이 가봐야지.'

세미나에 참여하며 계속 그런 생각을 했다.

올랜도의 세미나는 모든 강의가 영어로 진행됐다. 한국어 통역은 없었기에 강사가 하는 말을 100% 알아들을 수는 없었지만, 다행이 강사가 설명하면서 사용하는 파워포인트 교안이 있어서 대략 알아들을 수 있었다.

5일간의 콘퍼런스에 참여하며 영어에 대한 동기 부여가 확실히 되었다. 한국에 돌아가면 영어를 확실하게 더 공부해야겠다고, 내가 영어로 연설을 할 수 있는 정도는 되어야겠다고 생각했다. 나는 당시 토익 700점대의 실력으로 미국 현지 세미나를 참석한 것이었다. 영어 점수가 700점대 아래였으면 해외 세미나 참석 대상이 될 수 없었다. 다행히 미국 콘퍼런스에 참여할 수 있는 영어 수준이 되어 세미나에 참여할 수 있었다.

9박 10일간의 미국 콘퍼런스 참여를 위해 왕복 항공료, 숙박비, 식비, 세미나 참가비를 합하면 꽤 큰 금액이었다. 개인적으로 참여한다면 시간도 내기 어렵지만, 경비도 마련하기 힘들었을 것이다. 해외 콘퍼런스에 다녀오는 건 꽤 큰 혜택 중의 하나였다.

두 번째 미국행은 2008년이었다. 2주간 미국 LA의 USC(남가주대)에서 MBA 1년 차 여름학기에 글로벌 마케팅 수업을 들었다. 미국을 두 번째로 갔던 나는 미국의 대학 문화에 매우 놀랐다.

우선 담벼락이 없어 경계가 없는 대학교의 규모와 넓이에 놀랐다. 그리고 교수와 학생들의 격의 없는 토론문화에 또 한 번 놀라게 됐다. 서로 질문하고 답을 아주 자유롭게 하는 모습이 한국과는 너무 달랐다.

주말에는 LA다저스 야구장, 할리우드 볼 야외 음악당 등 주변 인프라를 견학했다. 참 멋있게 지은 건물들이었다. 그런 인프라를 즐기는 LA시민들이 참 부러웠다. 우리나라도 많은 스포츠와 예술 문화시설들이 많이 세워져 시민들이 여유 시간에 많은 볼거리와 즐길 거리로 행복한 시간을 많이 보냈으면 좋겠다는 마음이 들었다.

2009년에는 MBA 2년 차 여름학기 수업으로 스페인의 IE 경영대학원에 참가할 수 있었다. 2주간 스페인에서 지내는 동안, 처음 3일은 바르셀로나에서 지내면서 가우디가 설계하고 지은 멋있는 건축물들을 돌아볼 수 있었다. 그리고 기차를 타고 마드리드로 내려가서 국제 경영

수업을 들었다. 스페인 교수님이 영어로 강의하는 수업이었다.

아무래도 유럽인이 영어를 말할 때는 미국식 영어가 아니다 보니 조금 알아듣지 못하는 발음들도 있었다. 하지만 역시 파워포인트 영어 교안이 있어 수업 내용을 이해하는 데 큰 무리는 없었다.

마드리드에서 기차를 타고 조금 더 아래로 내려가 세고비아와 그라나다의 옛 유적지들을 둘러보기도 했다. 과거에 찬란했던 스페인 왕국의 모습을 볼 수 있었다. 왕궁의 지하 무덤에 금으로 만든 관에 묻힌 옛 스페인 왕의 모습을 보며 '역사는 돌고 도는구나'라고 생각했다.

2008년과 2009년에 미국과 스페인을 다녀오면서 '영어를 할 줄 알면 좀 더 넓은 세계를 경험하게 된다는 것'을 실감하게 되었다. 해외 문화와 역사를 경험하면서 앞으로 나와 우리나라는 어떻게 살아가야 할지 한 번 더 생각해보는 시간이 되었다.

영어를 좀 할 줄 알게 되니 가슴 뛰는 인생을 살게 되었다. 초등학교 때 소풍 가기 전날, 다음 날이 기대되어 설레고 잠도 잘 오지 않는 그런 기분이다. 한국에만 있으면 경험하고 느껴볼 수 없는 문화와 음식, 역사를 체험하면서 인생을 좀 더 풍요롭게 살 수 있게 된다. 해외의 새로운 곳을 가고 새로운 사람을 만날 때 영어를 좀 할 줄 알게 되면 그 이해의 폭과 느낌의 강도가 한층 더해질 것이다.

새로운 곳에 당신의 발자국을 남겨라. 당신 역사의 흔적을 한국에만

남기지 말고 지구로 넓혀라. 인생은 그렇게 길지 않다.

영어로 나의 취미와 일터를 넓히자. 책을 읽을 때도 영어책을 많이 읽어보자. 에세이를 보더라도 번역본을 보는 것보다 원서를 보면 그 느낌이 좀 더 생생하게 느껴질 것이다. 그리고 영어는 당신의 여행에 행복을 더해줄 것이다. 더 많은 종류의 사람을 만나서 대화를 나누고 더 많은 나라의 음식을 맛볼 수 있을 것이다. 영어는 나에게 새로운 세상을 만나게 해주는 도구가 되어줄 것이다.

영어를 끝장낸 후 책을 쓰게 되다

내가 자주 보며 영감을 얻고 있는 '부자 아빠 청울림의 인생 공부'라는 블로그를 운영하는 유대열 씨는 진정한 성공에 대해 이렇게 정의하고 있다.

내가 그동안 살면서 깨달은 최고의 성공 법칙은 가고자 하는 방향을 정하고 일단 달리기 시작하고 옳은 방향으로 조금씩 방향을 수정하며 목표섬에 도달할 때까지 멈추지 않는 것이다. 이것이 전부다.

그 과정에서 세상과 사람과 돈을 공부하고 매사에 성실하게 부지런히 임하고 다른 삶을 사는 것을 두려워하지 않으며 남들의 비판과 시선 따위는 무시하고 선하고 친절하고 긍정적인 사람이 되는

것 등등의 덕목이 요구된다.

쉬운 일은 아니지만, 방향은 분명하다. 무슨 일을 하든 어디에 있든 성공의 법칙은 여기에서 벗어나지 않는다.

(출처 : 청울림의 60일 인생 역전 프로젝트 '청지개벽')

영어를 공부하고 영어에서 성공하려면, 목표 수준을 정해놓고 목표 지점에 도달할 때까지 멈추지 않아야 한다. 그게 다다. 정말 너무 단순하다.

영어 공부하는 것은 쉽지 않다. 그러나 세상에 쉽지 않은 것이 무엇이 있겠는가. 힘들다고 생각하니 힘든 것이다. 힘드니까 더 성장하게 되는 것이라 생각하면 힘들지 않을 것이다. 그렇게 생각하면 오히려 나에게 더 큰 어려움이 오기를 기대해야 하는 게 아닌가 싶을 정도다.

내가 좋아하는 유튜버 단희쌤도 성공하기 위해서는 '단무지'를 강조한다. '단순하고 무식하게 지속하는 것'이 성공하는 길이라고 그는 말한다. 내가 영어 공부를 집중적으로 해서 성과가 높게 나타났던 때가 '단무지' 때였던 거 같다.

나는 원어민 수준은 아니지만, 영어로 업무를 보는 데는 지장이 없는 정도가 되었다. 전 세계 어디를 가더라도 영어로 사람들과 소통을 할 수 있고 일할 수 있다.

이제는 또 다른 도전을 한다. 이렇게 평범한 직장인으로서 책을 쓰고 있다. 내가 오랫동안 영어가 생각만큼 안되어 스트레스를 받았던 기억을 담았다. 그리고 영어로 의사소통을 할 수 있게 되기까지 고군분투했던 나의 스토리를 담았다. 누군가에게는 나의 이야기가 도움이 될 것이라 생각한다.

틈틈이 다른 사람들에게 영어 컨설팅을 하며 도움을 주고 있다. 듣기, 읽기, 쓰기, 말하기 등 영어를 좀 더 효과적으로 공부하고 효율적으로 활용할 수 있는 팁들을 알려주고 있다. 나는 이제 영어로 고생하는 독자를 돕고 싶다. 나에게 메일을 보내면 최대한 도움을 줄 수 있도록 노력하겠다.

우리는 고등학교와 대학교를 졸업하고 회사에 입사했다. 그리고 회사가 요구하는 교육을 받고 회사가 필요로 하는 일을 해왔다. 회사의 목표에 맞춰 인생을 살아왔다. 회사인, 조직인이니 당연히 그렇게 하는 게 맞다. 그러나 이제 100세 시대를 맞이하고 있고 회사에 다닐 수 있는 기간은 정해져 있다. 정년퇴직의 나이 기준이 조금씩 높아지고 있다. 그렇지만 주변의 직장인들을 보면 정년퇴직 나이가 조금씩 높아진다고 해서 이에 대비하는 사람은 거의 보이지 않는다.

하지만 우리나라는 사회보장제도가 선진국에 비해 크게 발전되지 못한 상황이다. 본인의 노후는 본인이 알아서 준비해야 한다. 퇴직 전부터 퇴직 후의 비전과 목표를 설계해보자. 퇴직 후의 준비는 퇴직 10년 전, 늦어도 퇴직 5년 전부터 준비해야 퇴직하더라도 공백 기간 없이 경제 생활을 할 수 있다.

퇴직하고 뭔가를 새로 공부하고 준비하려면 그만큼 체력도 약해진 상태이고, 마인드도 직장을 다니고 있을 때보다 약해져 있을 확률이 높다. 적더라도 안정적인 급여가 나오고 있을 때 제2의 인생을 준비하는 것이 심적으로나 육체적으로 나을 것이다.

자신이 경험하고 노하우가 있는 직무에 영어와 외국어가 결합하면 큰 시너지를 낼 수 있다. 일도 잘하고 영어도 잘하면 파생시킬 수 있는 일과 사업의 종류가 다양해질 수 있다. 자신이 가지고 있는 기술과 노하우를 가지고 이민을 가려고 해도 영어와 외국어가 필요하다. 미국에서 트럭을 몰려 해도 영어가 필요하다.

퇴직 전에 영어를 끝장내고 퇴직하자. '그때 영어 공부해놓을걸' 하고 후회하지 말자. 영어 공부를 우선 시작해보고 후회할지 말지 결정하자. 영어 공부를 안 해도 후회될 것 같지 않으면, 영어 공부를 논할 필요가 없다.

내가 10년 동안 영어가 안 된 이유는 자의 반 타의 반이다. 자의 반은 내가 영어가 될 때까지 영어책 한 권 끝내보지 않은 것이다. 타의 반은 우리나라가 일본에 영향을 받아 문법 중심의 읽기식 영어 공부가 된 탓이다.

내가 영어로 목표했던 것은 기업에서 요구하는 수준인 해외 주재원 파견 수준이었다. 더 높은 목표라면 영어 통·번역 수준은 되어야겠지만, 나의 업무가 영어 통·번역 업무가 아니기 때문에 해외 주재원 수준으로 해외 업무를 보는 데 지장이 없는 정도가 목표였다. 해외 주재원 수준 정도만 돼도 해외에서 업무를 보고 생활하고 여행하는 데 큰 무리가 없을 것이다.

나의 영어 공부 경험은 아주 새로운 방법과 기법으로 이루어진 것이 아니다. 영어 공부에 목표를 두고 어느 정도 기한을 정해놓고 집중하고 반복한 것이다. 그러면 정한 기한보다 조금 늦더라도 귀가 뚫리고 말문이 트이게 된다.

나는 영어를 끝장내고 영어로 고민하는 사람에게 도움을 주기 위해 이렇게 책을 썼다. 나의 메시지가 많은 '영포자(영어를 포기한 사람)'들에게 희망이 되었으면 좋겠다.

나는 영어를 끝장내고
인생이 완전히 바뀌었다

제1판 1쇄 발행 | 2021년 1월 13일

지은이 | 최용일
펴낸이 | 손희식
펴낸곳 | 한국경제신문*i*
책임편집 | 최윤경 디자인 | 노경녀 n1004n@hanmail.net
기획 · 제작 | ㈜두드림미디어

주소 | 서울특별시 중구 청파로 463
기획출판팀 | 02-333-3577
E-mail | dodreamedia@naver.com
등록 | 제 2-315(1967. 5. 15)

ISBN 978-89-475-4679-9 (03190)

책값은 뒤표지에 있습니다.
잘못 만들어진 책은 구입처에서 바꿔드립니다.